JN126014

日本人が外国で不良企業の立て直しに挑んだ3年余りの記録

韓国貯蓄銀行再建日記

Credo Partners 株式会社
代表取締役
中村秀生

プレジデント社

はじめに

東京本社から国際電話を受けたのは、海外赴任中の香港で日本への帰任を控え、自宅で引っ越し業者の見積もりを受けていた2013年1月末日のことだ。普段は内線を使うので虚を突かれていると、それは私の異動先を伝える連絡だった。事前に帰任の内示は受けていたが、日本に戻り何をやるかは知らされていなかった。前置きもなく告げられた異動先は、想像もしなかった場所だ。「韓国の現代スイス貯蓄銀行への出向を命ず」。

香港赴任中の2年間、私は勤務するグループ全体の事情把握が疎《おろそ》かで、この「現代スイス貯蓄銀行」の実態をあまり理解していなかった。グループの東京本社で財務と事業投資を担当していた2002年頃、ここに初めて出資が実行された。しかし、以降は特に関わりもなく、10年以上が経過していた。ところが先月、東京本社から韓国金融当局に対し、この貯蓄銀行の財務基盤強化を目的とし、追加出資を行う旨の確約書が提出されていた。

韓国の貯蓄銀行とは、普通銀行と同じく預金、為替、貸出といった一般商業銀行サービスを提供し、顧客に個人事業主や中小零細企業を多く抱える、独自の根拠法令に基づく当地の庶民金融機関だ。日本では信用金庫か昔の相互銀行が、その成り立ちや機能からいって近い存在かもしれない。

私はこの異動の辞令を受けてすぐ、簡単ではない仕事になりそうだと直感した。思えばこの瞬間が韓国での忘れ難い、3年余りの銀行再建にかける闘いの日々の始まりだった。

本書は言語も文化も思考も異なる、近くて遠い隣国の韓国で、実質経営破綻した地場の貯蓄銀行の再建に日本人がたずさわった話です。企業再生に有益な実務書というよりは、泥臭い奮闘記といった方が当てはまる内容ですが、異国での得難い経験を記録として残しておきたいとの思いで、拙文ながら筆を取った次第です。

ここに書かれた内容は、個人的に日々記録してきたメモに基づき、ほぼ時系列で出来事を記載しています。慎重を期したつもりですが、言語の壁や私の記憶力の至らなさもあり、正確性に欠ける可能性があることはご容赦いただきたいと存じます。

また、当時の派遣元の情報に関し、守秘すべき事項については厳に記載を控えておりますので、この点もご理解いただければ幸いです。さらに、文中では韓国ウォン建で計数を記載する箇所がありますが、基本的に都度円換算をしておりません。差し当たり韓国ウォン建の金額を10で除すことで、およその円相当額がつかめると思われます。

最後になりますが、韓国駐在中、陰に陽に支えていただいた多くの関係者のみなさまに、この場をお借りして、厚く御礼申し上げます。

Credo Partners 株式会社 代表取締役　中村秀生

目次

第2章 混迷 2013年9月〜12月

第3章 再起

2014年1月〜12月

第5章 有終 2015年10月～2016年3月

第1章

波乱

2013年2月～8月

東京での顔合わせ

2011年からの2年間の香港生活は、帯同した家族にとっても大変充実した日々だった。ただ、続けて韓国で勤務するにあたり、今度は私一人で赴任することになっていた。残り少なくなった家族との海外生活の思い出づくりにと、休暇を取得して日帰りのマカオ観光に出かけた。マカオは香港と同じく中華人民共和国の特別行政区で、香港から高速ジェットボートで1時間余りだ。返還前に英国統治だった香港とは異なり、マカオはポルトガル統治だったので、街の雰囲気は少し違って見えた。

そんな異国風情を楽しんでいたとき、スマートフォンに東京本社からのメールが届いた。

「明日（2月5日）、東京で貯蓄銀行に関する会議を行うので、可能ならば出社せよ」

すぐに香港の居宅に戻り慌ただしく身支度を整え、東京行きの夜行便に飛び乗った。油断していたので心の準備ができておらず、移動中は漠然と不安を抱えていた。成田空港に到着後、すぐに有料シャワーを浴びたが、睡眠不足の頭はほとんど回っていなかった。

空港からタクシーで東京本社に直行し、香港赴任前に所属していた管理本部に顔を出すと、ベトナムから先に元久 存さんが到着していた。元久さんは大手証券会社を振り出しに、インターネット証券の専務を経て、一時はノンバンクの社長も務めた方だ。いつからか同じグループに入社して、ベトナムに駐在していた。今回私と同様、韓国に赴任することになり、日本に呼び出されたそうだ。彼は、貯蓄銀行の社長就任含みであるとのこと。

予定時刻になり、元久さんと一緒に指定された会議室に出向くと、勝地英之さんが着席して待機していた。勝地さんとは前年まで香港で一緒に働いていて、よく知る仲だ。一足先に帰国していたが、彼も今回韓国に赴任するそうだ。そしてもう一人、見知らぬ若手が並んで座っていた。

ほどなく東京本社の幹部役員と、グループ韓国拠点の駐在員、そして韓国人らしき人物が現れた。会議は各出席者の紹介もなく、駐在員の流暢な通訳で本題から始まった。幹部役員がチャ・ドンギさんと呼ばれる小柄な韓国人に、「貯蓄銀行は再建可能か?」と単刀直入に尋ねている。

会話の内容からわかったのは、チャ・ドンギさんは以前、この貯蓄銀行のオーナー兼会長の右腕だったということだ。数年前に社を離れていたが、当方とはそのときから面識があったそうで、今般元久さんと共同で代表者を務めてもらうため、声を掛けたとのこと。

どうやらこの貯蓄銀行の経営は、すでに想像以上に厳しい状況に陥っており、ここに集まったメンバーが特命で再建にあたると理解できた。そして末席にいた若手は、新卒入社2年目の蓮池克也君だった。彼は生まれ育った環境もあって韓国語に堪能で、職務経験こそ浅いものの、その語学力が買われたようだ。

会議は30分ほどで終わった。最後に「よろしく頼む」と言われたチャ・ドンギさんの答えは、「できるだけのことはします」と慎重なものだった。会議後の夕食の誘いを、韓国組は「ソウル行き最終便に間に合わない」と言って断った。残ったメンバーだけで永田町の中華レストランでご馳走になったが、これが韓国赴任の壮行会のようなものになった。

ところで、会議の中で貯蓄銀行の極めて厳しい現況が明らかにされたが、現地ではその頃、業界全体が「貯蓄銀行事態」と呼ばれる深刻な金融危機に陥っていた。2000年代以降、業界内でM&Aが盛んに行われ、上位行を中心に大型化が図られた。地域密着の庶民金融が本来の使命なのだが、大型化した貯蓄銀行はハイリスクの巨額融資にのめり込み、金融当局もここにくさびを入れることを怠った。特にPF（Project Finance）貸出と呼ばれる不動産開発融資に競って取り組み、各行は与信エクスポージャを膨張させていった。

ところが2008年のリーマンショックを境に、潮目が変わった。PF貸出は次々に不良化して多額の損失を生み出し、各行の経営を圧迫した。預金の取り付け騒ぎも発生し、経営破綻が頻発して世間を混乱に陥れた。

この貯蓄銀行も破綻こそ免れていたが、2012年5月に早期是正措置という厳しい行政処分を受けていた。このため急ぎ自己資本の拡充と抜本的な業務改善を要求されていて、もし外部スポンサーによる支援表明がなければ、直ちに経営破綻していたはずだった。

初めてのソウル出張

2月13日からソウルに出張した。実はそれまで、私は韓国に一度も足を踏み入れたことがなかった。温暖な香港から初めて仁川空港に降り立ったとき、その寒さに驚いた。日中の最高気温は、当たり前のように氷点下だ。そして宿泊したホテルの部屋の窓から眺めたソウルの夕暮れは、まるで日本の地方都市みたいで想像していたイメージとは違った。

翌朝、東京から移動してきた元久さんらと合流し、ヨクサムドン（駅三洞）にある、韓国事業を統括するグループ会社を訪ねた。先日東京で会った同社の駐在員から、これまでの経緯と現状について話を聞いたあと、午後から貯蓄銀行を訪問することになっていた。

話の中で、この前日に貯蓄銀行の資本増強のため増資契約を締結し、韓国金融当局から必要な認可を受けるための本申請を行ったと説明を受けた。この増資金額が２３７５億ウォンだとのこと。当時のウォン円レートで２００億円を超えるものだ。

東京本社の財務部長時代、常に旺盛な事業資金の調達に追い立てられて胃袋が縮む思いを経験した身としては、この金額はとても刺激あるものに響いた。そもそも銀行再建には通常莫大な金額の投入が必要だろう。増資は今後複数回に分けて行われる見込みだと聞き、さらに嫌な予感に襲われた。

この貯蓄銀行の本社は、1988年のソウルオリンピック前後から発展したカンナム（江南）エリアにあり、ここは市内でも一等地のオフィス街だ。本社は賃貸ビルの中にあって、1階に第2銀行の本店が置かれ、2階から上に全体の本社機能が収まっている。

ここまで貯蓄銀行を一つの企業体のように述べてきたが、実は四つの銀行から構成される企業グループだ。第1銀行が持株会社を兼ねており、第2銀行から第4銀行までの株式持分の過半、または全部を所有している（図1）。各行は異なる場所に登記上の本店を構えるが、本社機能は第2銀行の本店が置かれたオフィスビル内で一括運営されていた。

1971年創業の貯蓄銀行（第1銀行）は、前のオーナー兼会長であった人物が1999年に経営権を握ると、M&Aによる拡大策を取った。2002年に江南信用金庫（第2銀行）、2008年に中部相互貯蓄銀行（第3銀行）、2009年にはイェハンウル相互貯蓄銀行（第4銀行）を買収し、業容を拡張していった（図2）。

その後も四つの貯蓄銀行は合併されることもなくそのまま維持されてきたが、これには理由があった。韓国の貯蓄銀行は相互貯蓄銀行法を根拠法令とし、その同法第1条の（目的）には、「庶民と中小企業の金融便宜を図って」とあり、貯蓄銀行の果たすべき機能が規定されている。この趣旨に沿い、かつ健全性維持の観点から、同法は一つの相手先に多額の貸出を行うことを許容していない。

第1章

波乱

2013年2月～8月

図1 ▶ 資本関係図

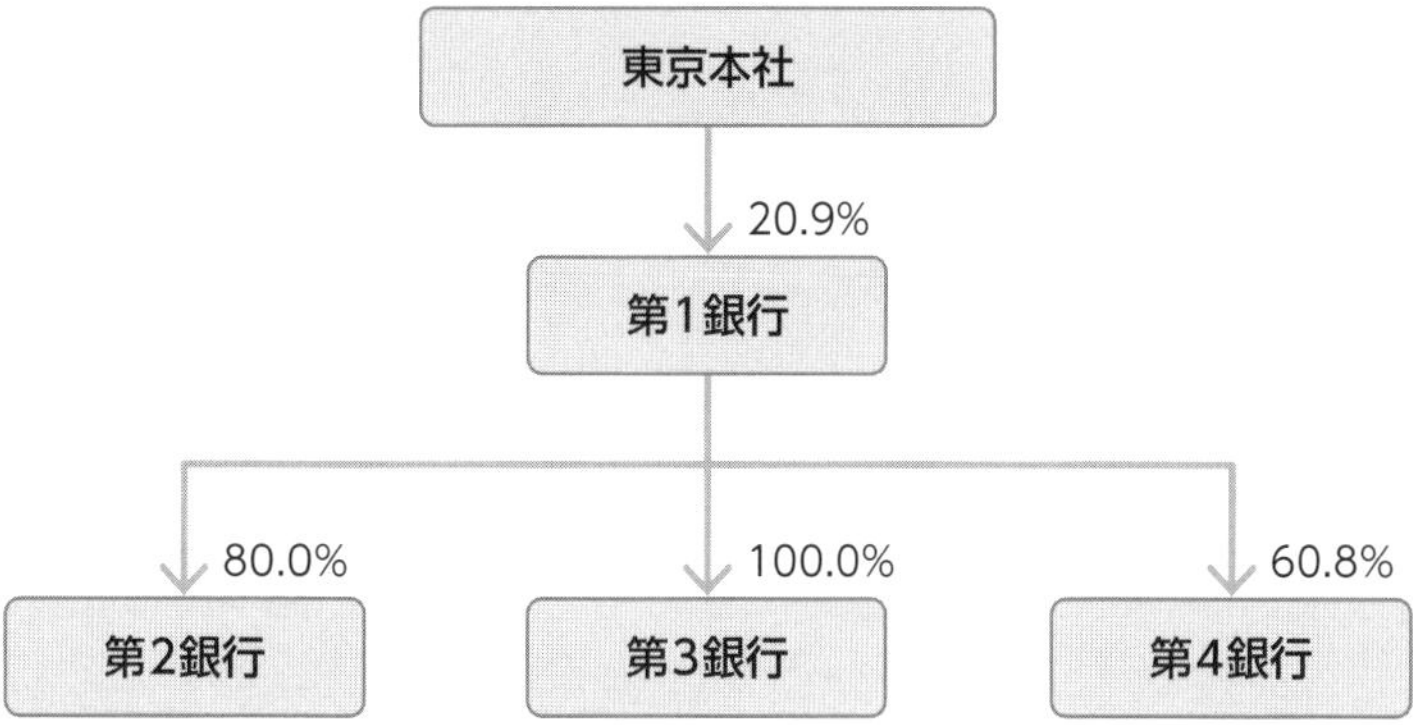

※持株比率はグループ再建支援前の2012年12月末時点
※東京本社からの出資は当初2002年に中間持株会社を通じて実施
（中間持株会社は図中省略）

図2 ▶ 過去の主な出来事

1971年 10月	● 現代スイス貯蓄銀行設立（第1銀行）
1999年 6月	● 前オーナーのキム・ヴァンジン氏、会長に就任
2002年 4月 5月	● 江南信用金庫を引き受け（第2銀行） ● グループが第1・2銀行に出資
2008年 11月	● 中部相互貯蓄銀行を引き受け（第3銀行）
2009年 9月	● イェハンウル相互貯蓄銀行（貯蓄銀行3行の資産を継承し設立されたブリッジバンク）を引き受け（第4銀行）
2011年 1月 7月	● 釜山貯蓄銀行など9行が営業停止処分 ● トマト貯蓄銀行など7行が営業停止処分
2012年 5月	● 業界最大手のソロモン貯蓄銀行など4行が営業停止処分 ● 金融監督院が第1銀行を早期是正措置の対象として指定
12月	● 東京本社が現代スイス貯蓄銀行に対する増資等引き受けの確約書を提出

個別貸出先の与信限度額は自己資本金額の20％以内、または100億ウォンの少ない方（法人貸出の場合）と定められているが、これは実質的に同一運営下にあっても、基本はその中の各銀行に適用される。連結ベースで一定の制約が設けられてはいるが、四つの銀行の箱があれば、一つの相手先に4倍の貸出が可能となり得る。通常は金融当局の規制や指導でこのような運用は難しいはずだが、これが緩やかに許容されていた。

元々オーナー支配の下、適切なリスク管理が行われていなかったこの貯蓄銀行は、同一運営下で複数行の併存を維持し、事実上法規制を超えるリスクテイクを可能とし、全体の与信エクスポージャを膨張させていた。

さらに、預金についても同様なことが起こっていた。貯蓄銀行の預金は預金保険公社の保険対象となり、銀行破綻時は一預金者当たり5000万ウォンまで保護を受けることができる。これも四つの銀行の箱があれば別々に適用されるため、預金を分散することで一預金者当たり2億ウォンまで保険適用が可能だった。これら営業上の理由から、この貯蓄銀行は四つの銀行をこれまで統合することなく、そのメリットを享受し続けてきた。

午後になって私たちが銀行本社に到着すると、すぐに大会議室に通された。そこには四つの銀行の主要幹部が勢揃いしていた。双方から参加者について紹介がなされたが、実はこのときここに参加していた幹部のほとんどが、リストラで社を去ることが決まっていたそうだ。残留が決まっていた面々も最近までは幹部ではなく、上司がリストラされたので座っているだけで、子どもの使いのような顔をしていた。

このぎこちない雰囲気の要因は、参加者の主体性のなさだった。この貯蓄銀行を不良化させた責任を自身に押し付けられたくないとの思惑が、場の空気を圧倒的に占めていた。訪問初日から、これら主要幹部は当てにならないのだと思い知らされた。

翌日は朝一番から銀行本社を訪問した。事前に依頼していた貸出先別のクレジットファイルを見せてもらい、実務の流れについて説明を受けた。ハングルなので何が書いてあるのか理解できないが、日本の銀行で扱っていたものと変わらない感じで、これなら何とか上手くやれるのではないかと思えた。

午後は一旦、ヨクサムドンのグループ会社オフィスに戻り、東京本社と電話会議を行った。すでに契約書にサインし、韓国金融当局の認可を待って資金を払い込む段取りだったが、東京本社は最終決定を留保していた。今回の訪問で得た感触では、この貯蓄銀行の経営は引き続き悪化の一途をたどっており、不良債権はまだ追加で発生するように思えた。

1990年代後半、日本の銀行で不良債権問題が拡大した時、正確にその金額を査定することは困難だった。資産の劣化は継続し、五月雨式に資本注入が繰り返された。不良債権問題を日本の銀行員として経験した身では、やはり過敏にならざるを得ない。

その夜はカンナムの繁華街でみな食事をとったのだが、重苦しい雰囲気の中、酒の力でも借りなければやっていられない雰囲気だった。

香港からの帰任

ソウル出張から香港に戻り、10日間ほどを離任の挨拶回りに費やした。初の海外勤務となった香港は、2年あまりと短かったが良い思い出ばかりだ。後ろ髪を引かれつつ香港を離れ、日本で2日間だけ有給休暇を取得した。横浜の自宅は賃貸に出さずにおいたので、すぐに生活を再開できた。荷物を整理しながらも頭を離れないのは、韓国の貯蓄銀行のことだ。通常なら破綻処理を検討すべきだろう。そこに公的資金には頼らず、初回だけで200億円超の資金を投入して再建を図るというが、簡単な話とは思えなかった。

しかしながら、同時に銀行経営に関与できる魅力も感じていた。私はバブル経済崩壊直後に日本の銀行に就職し、環境が悪化してから働き始め、あまり良い思い出がない。結局10年も経たずにドロップアウトし、挫折感のようなものを引きずっていた。ところがそれから12年のときを経て、銀行経営に関与できるチャンスが巡ってきたのだ。

私が金融業界を志したのは、学生時代に父の本棚から拝借して読んだ、『ルワンダ中央銀行総裁日記』(服部正也著、中公新書)という本がきっかけだった。1960年代後半に一人の日本銀行職員がIMF(International Monetary Fund 国際通貨基金)を通じ、アフリカの小国に中央銀行総裁として派遣され、苦労を重ねながらも創意工夫を凝らし、同国の経済発展に貢献する実話だ。

今回、私が派遣される貯蓄銀行は、中央銀行はおろか都市銀行にも規模ではるかにおよばないものではあったが、銀行を経営再建することで社会貢献できる機会には、めったに恵まれるものではない。そこに魅力を感じていた。

2月27日から東京本社に出社した。先日のソウル出張の結果、今後の不良債権処理の巧拙が銀行再建のカギとしてクローズアップされていた。特に不動産担保処分による不良債権回収が重要となってくるが、そのため東京本社の不動産事業部から、清水康太郎さんが追加派遣メンバーとして指名されていた。

2年ぶりの帰任で、古巣の同僚が代わる代わる歓迎の言葉をかけてくれたが、私がすぐに韓国赴任予定だと伝えると、みな一様に驚いていた。しかし、経理部長だけは例外で、彼は貯蓄銀行の問題をすべて把握している。今回の資本注入がグループ会計上どのように取り扱われるのかを知りたくて、時間を取ってもらった。

この時点で、貯蓄銀行の連結会計上の簿価は100億円を超えていた。これは当初出資時より増えていて、その間にこの貯蓄銀行の利益を簿価に取り込んだことによる。ところが想定外に現地で外部環境の悪化が進み、もしここで経営破綻となれば、簿価と同額の投資損失が発生するだけでなく、最悪の場合は過去の連結決算修正もあり得るとのこと。

一時的な損失だけであれば、グループとして耐えられない負担ではない。しかし、過去の連結決算修正まで発生すると、その間に東京本社は資本市場で資金調達なども行っていて、上場企業としては信用に関わる。説明を聞いて、貯蓄銀行を再建する必要性がやっと腹に落ちた。

毀損した自己資本を補填すれば、問題が解決するわけではない。不良債権の追加発生を食い止めてその処理を進め、さらに貸出残高を積み上げて継続的に黒字拡大していく経営を確立しないと、資本注入で積み上がる連結のれんの減損リスクが一気に顕在化する。細かい計算は省くが、今回の資本注入でのれんは250億円近くにまで膨らむと試算されていた。元は100億円余りだった損失が、今後の減損リスクとして2・5倍に増幅する。

ところで、ここで問題にする連結のれんとは、企業買収時に連結貸借対照表上で認識される無形資産のことで、簡単に言うと、買収に要した資金と被買収企業の純資産との差額といっていい。グループは国際会計基準のIFRS(International Financial Reporting Standards)を採用しており、日本の会計基準で定められたのれんの定期償却は不要だが、事後に被買収企業の業績が悪化した場合、のれんを会計上で一気に減損し、多額の損失を計上しなければならない。

銀行経営に魅力を感じてやっと前向きな気持ちになりかけていたが、与えられた任務の重みを理解するにつれて、またしても憂鬱な気持ちに陥ることになった。

赴任前の実態把握

　重苦しい気持ちを引きずったまま、3月4日から再びソウルに向かった。この2回目の出張から本格的に会社の実態把握を開始したが、具体的な話に入る前に、韓国の銀行業界と貯蓄銀行について補足説明をしておきたい。

　韓国の銀行業界は、日本のそれとはやや様相が異なる。メガバンクにあたるものは5行存在し、国民、ハナ、新韓、ウリィ、韓国外換の各銀行がある。ただし韓国外換銀行はハナ金融グループの傘下に入っており、ハナ銀行と統合される見込みなので、実態は4行といえる。他に特殊銀行と呼ばれるものが5行ある。そしてソウル圏以外の地域に本社を構える地方銀行が6行存在する。

　このうち1行はメガバンク傘下、2行はそれぞれ別のもう一つの地方銀行と経営統合する予定なので、実質は四つのグループに集約される（済州銀行はメガバンクの新韓銀行傘下であり、JB金融持株に属する全北銀行が光州銀行と、BS金融持株に属する釜山銀行が慶南銀行と経営統合を行い、単独では大邱銀行がある）。また、外資系の現地法人として韓国シティ銀行とスタンダードチャータード銀行があるが、これらはいずれも業容を縮小していた。日本のメガバンクなどは現地法人を設けず、ソウルに支店を置くのみだ。

ここまでの説明で、日本との比較で韓国は銀行数が少ないことに気付くかもしれない。韓国の経済規模を勘案したとしても少ないし、日本にある信託銀行なども存在しない。特に地方銀行の数の差が歴然としている。日本は第二地方銀行も合わせると、100行を超える地方銀行が各都道府県に点在する（2012年12月末時点で105行）。日本が多すぎるともいえるが、いずれにしても韓国は地方銀行が各地網羅的に存在していない。

これは1997年に発生したIMF危機により、整理淘汰が進んだ影響もある。IMF危機はアジア通貨危機に際して韓国ウォンが暴落し、キャピタルフライトの発生で国家経済破綻の危機に瀕した大事件だ。国際機関であるIMFの支援を受けるまでに至り、今も韓国経済の大きなトラウマとなっている。

地場の庶民金融機関としては貯蓄銀行と信用協同組合があり、さらにセマウル金庫という信用協同組合に類似するが、独自の根拠法令を持つ金融機関も存在する。これらは機能的に日本の信用金庫や信用協同組合に近いが、数はかなり多い（図3）。

しかしながら、これら一つひとつの企業サイズはとても小さい。貯蓄銀行は2012年12月末時点で93行存在していたが、そのうちの約6割は店舗をわずか一つか二つしか持たない。銀行と呼ばれる金融機関で拠点が一つしかない、つまり本店だけのものは、そのときまで想像したこともなかった。

もはや理解は容易と思うが、韓国の銀行業界は日本との比較で規模が小さい。そして特に庶民金融機関において、その経営基盤はかなり脆弱だ。おそらくこれで割りを食っているのは、現地の中小企業と個人事業主だろう。

韓国は製造業を中心に世界的なコングロマリットが存在する一方、優良な中小企業がなかなか育たないといわれる。その理由は、これらを支える間接金融機能が不十分なことも関係しているだろう。

日本には貯蓄銀行という呼称の金融機関はない。韓国でも正式には相互貯蓄銀行という。元は無尽《むじん》という相互金融形態から発生した組織で、日本では1989年に第二地方銀行へ一斉転換した相互銀行が、同じく無尽から発展したことと照らし合わせると、以前の日本の相互銀行に相当するともいえそうだ。

図3 ▶ 韓国銀行業界図

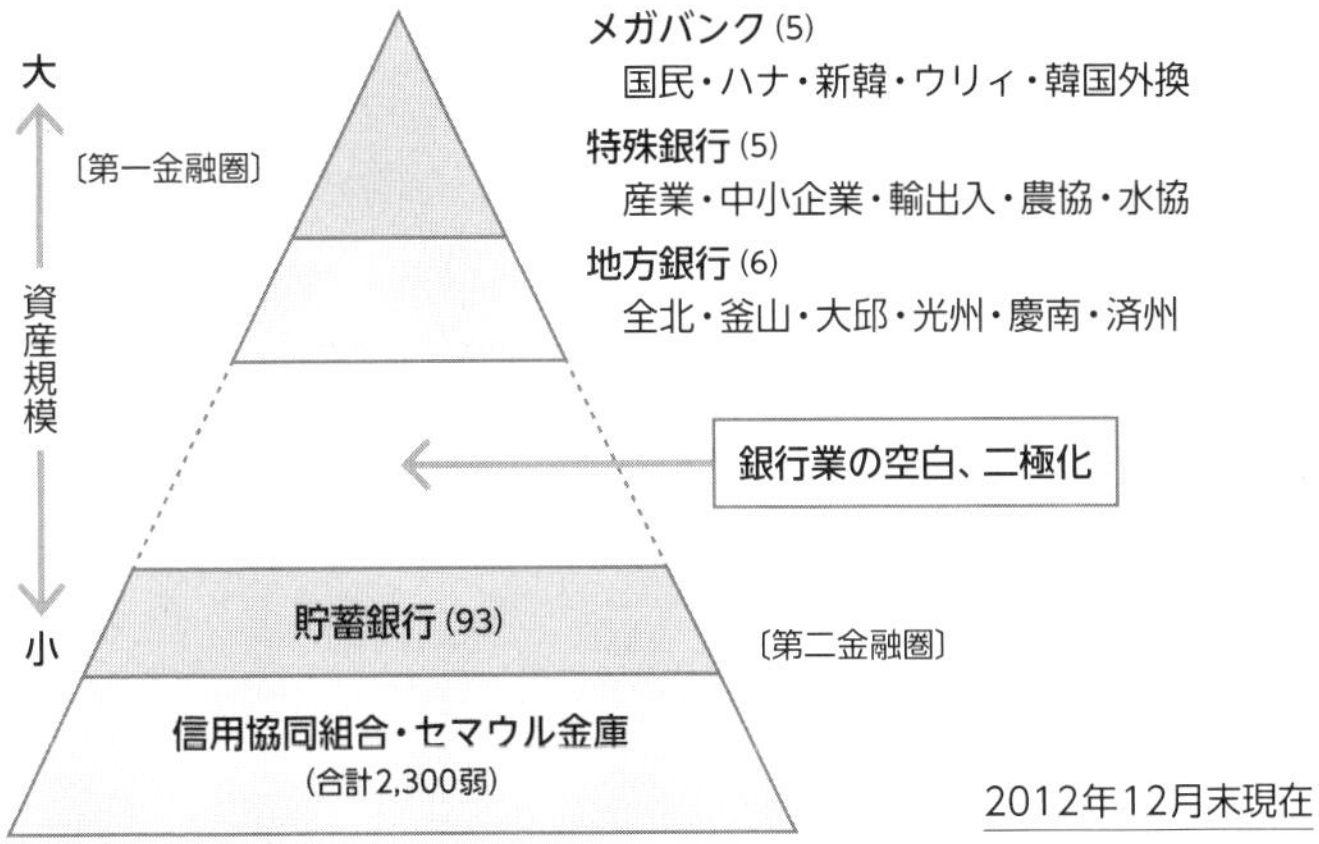

韓国では相互貯蓄銀行法が1972年に制定され、当初は350行ほどが金融当局の監督下に置かれた。個人オーナーによる支配形態が一般的で、会社の私物化や不正行為が問題となる事件が多発した歴史を反映し、監督法規を読むとつぎはぎのように規制が追加されてきた形跡が見られる。2000年以降は、「高収益を期待できるがハイリスクなPF貸出」といわれる不動産開発融資に傾注し、体力に見合わない巨額融資を繰り返した。

その後、リーマンショックを経て経済環境が悪化していく中で、これら巨額融資が不良化して業界全体が危機に陥った。多くの貯蓄銀行が営業停止処分となり、破綻していった。経営者の中には逮捕される者も出て、営業店で預金の取り付け騒ぎまで発生した。

2012年5月には、最大手のソロモン貯蓄銀行が営業停止処分となった。この時点でほとんどの上位行の破綻が確定したが、唯一、この貯蓄銀行だけが生き残っていた。しかし、これは決して経営状態が健全だったわけではない。あとで判明する様々な決算偽装で延命していただけで、そのつけは巨額の追加資本負担として重くのしかかることになる。

このような背景の中、再建チームが初めに手を付けたのは、できるだけ正確に貸出債権の実態を把握することだった。まず大口延滞貸出について、担当者へのヒアリングを開始した。大口延滞貸出は、ほとんどがPF（不動産開発）貸出に関するものだ。

初めに6件の説明を受けた。焦げ付きの理由は様々だが、どれもリスクを軽視して収益追求のみを重視する貸出姿勢が招いた、当然の帰結に思えた。ここからどれだけ損失が発生するのか、考えるだけで空恐ろしい。そしてどの担当者もとにかく口が重い。何かを隠蔽しようとする雰囲気を感じた。

長時間のミーティングで疲れてはいたが、その日はこれから専属の通訳を兼ねる秘書の面接が待っていた。最終面接に残った女性6名の候補者を、元久さん、勝地さん、清水さんと一緒に一斉面接し、1名ずつを選んだ。私の通訳兼秘書として採用したパク・ジョンウンさんは、赴任中ずっと専属でサポートしてもらい、最後まで世話になった。そしてすぐに彼女の語学力が高いことがわかり、本当に助けられた。

ところで、このときの各候補者の熱意は大変なものだった。みなしっかり自己アピールするし、採用されようと必死だ。今回は応募者が100名を超えたと聞いた。それぐらい若者の就職難が深刻なのだ。

翌日も大口延滞貸出の説明を受けた。それにしても個別貸出先当たりの貸出金額が大きすぎる。問題先にはざらに1件200〜500億ウォンの貸出が実行されている。四つの銀行の連結自己資本金額は、PF貸出残高が最も膨らんだ2010年6月期末で2192億ウォンだ。これらPF貸出が1件でも飛んだら、多大な影響が出ることは明白だ。

個別貸出先当たりの貸出金額は、銀行の数だけ限度額を増やせると前述した。これをフル活用し、さらに実態的に同一企業体とみなされるペーパーカンパニーへの貸出を別枠として、この割り増し限度すら超過する事例も存在していた。複数銀行からの与信の合算把握や同一企業グループ向け貸出の一体管理は、与信業務において基本中の基本だと思うのだが、これらがまったく機能していなかった。

担当者は相変わらず奥歯にものが挟まったような説明を繰り返していた。最後に延滞中の有価証券担保貸出の一つについて、しっくりとこない説明を受けた。通常とは毛色の異なる貸出だったので不審に感じ、次から次へと質問を浴びせて問い詰めていくと、実態的な借主は旧経営陣の一人で、不正取引に関わったため提訴中の相手だと白状した。

最初に提出された資料にそんな記載は含まれていない。なぜ隠そうとするのかと腹を立てたが、説明する担当者も昔一緒に働いた元役員を糾弾することは、はばかられたのだろう。しかし、こうなると一つひとつの案件を、一層注意深く精査しなければならない。

午後には新しく貯蓄銀行の経営に参画する韓国人役員が揃って来社することになり、顔合わせの機会を設けた。元久さんとともに共同代表に就任するチャ・ドンギさんは、先日東京で面会したあとすでに社内で活動中だ。隣には専務に内定しているイ・ズンラクさんが座っている。彼はメガバンクの国民銀行で勤務し、クレジットカード審査のスコアリングシステムをつくった経験があるそうだ。ここではリテールグループを統括する。

その横は常務に内定しているキム・ヨンシクさんだ。NARA信用情報という債権回収会社の役員から移籍し、特殊債権管理グループで不良債権の回収を担当する。末席は同じく常務に内定しているイム・ジングさん。ヘッジファンドを運用していたそうだ。IB

(Investment Banking 投資銀行業務)グループを担当するという。貯蓄銀行にＩＢなんてアリなのかとちょっといぶかしく思ったが、他に誰も疑問を挟まなかった。

夕方になり滞在先のホテルに引き上げようとしていたら、午前中に説明を受けた問題貸出先の一つに関し、チャ・ドンギさんが至急相談したいとのこと。ソウル市内の複合高層ビルの開発案件だが、10日以内に約２００億ウォンの追加貸出を実行しなければ、ただちに破綻して約４００億ウォンの実損が発生するそうだ。

午前中の説明ではそんな切迫した状況とは聞いていなかった。まだ上手くコミュニケーションが取れていないのだろうが、まったく油断がならない。追加貸出をすれば事業は継続するが、傷口を広げるだけになるかもしれない。

ソウル出張４日目の午前は、貯蓄銀行で国際会計基準のＩＦＲＳ作成を担当する大手監査法人ＰｗＣサミルと顔合わせを行った。従来の韓国会計基準に基づく決算に加え、ＩＦＲＳを採用するグループ連結決算への取り込みのため、貯蓄銀行もＩＦＲＳ用決算パッケージを作成しなければならない。現時点でそれを行う能力はここの経理部にはないので、外部に丸投げすることにしていた。

そのようにして作成したパッケージは、もう一つの大手監査法人であるデロイトアンジンが精査し、それをもとにグループの監査法人である日本のデロイトトーマツが最終的な監査を行う。各銀行単体の決算は、それぞれ金融当局が指定した監査法人が担当するきまりになっていたので、複数が入り乱れて実にややこしい。

午後には問題となっている複合高層ビルの物件実査に出向いた。間近に見た2棟の高層ビルは、スケルトンの未完成状態だった。現物を見ると、つい追加貸出で何とかなりそうに思えてしまう。ビジネスにおいて現場を見ることは大切だと思うが、こと与信判断に関してはバイアスがかかり、必ずしも当てはまらないのではないか。

出張最終日は人事担当役員が人事制度について説明したいそうで、特別に時間を設けた。キム・ムンソクという理事（執行役員）がなかなかのプレゼンを行って感心した。ところがあとで聞いた話だが、彼は直前に大幅な人事リストラ、つまり首切りを担当し、不幸にも社内で良く思われていないらしい。こんな事情から生き残りに必死なのだそうだ。

続けて前日に実査した複合高層ビルについて、清水さんから現状分析の説明を受けた。それによると実は200億ウォンの追加資金を入れても入れなくても、どちらも400億ウォンほどの損失が発生する可能性が高いそうだ。加えて別の案件として、破綻した建設会社向け貸出の説明も受けた。十分な保全策があり、いずれ全額資金回収される見通しだが、何しろこの1件で660億ウォンも貸し込んでいた。

心身ともに消耗する1週間の韓国出張が終わった。羽田空港に着いたときは疲労困憊の極みに達していたが、東京本社の同僚が香港からの帰任の歓迎会を準備してくれていたので、そのまま会場に直行した。

マネジメントの決断

明けた月曜日に東京本社へ出社すると、すぐにソウルを再訪せよとの指示を受けた。指示そのものは淡々としていたが、ひょっとしたら貯蓄銀行を救済せず直ちに損失計上し、撤退する可能性もありとの雰囲気を感じた。

当初の貯蓄銀行の資産評価では、法定必要自己資本比率7％以上をクリアするのに2300億ウォンの資本注入が必要とされていて、この金額を前提に議論は進められてきた。しかし、これも1回限りではなく今後も追加で多額の資本注入が必要になりそうだ。意思決定のため、さらに分析が必要で、すぐに再訪せよということだ。

翌朝は疲れた身体に鞭打ってソウルに飛んだ。グループ会社のオフィスに到着すると、貯蓄銀行の貸出債権全体を改めて査定した中間報告書がすでに提出されていた。これによると今後の資本注入に必要な資金は、3月末までに2500億ウォン、6月末までに2500億ウォン、7月以降は3500億ウォンから5500億ウォンとなり、合計8500億ウォンから1兆500億ウォンに上っていた。これまでの想定をはるかに超える重い資金負担で、にわかには信じ難かった。

午後は懸案の複合高層ビル案件について、不動産コンサルティング会社に率直な意見を求めた。それによると事業の将来性は不透明で、追加貸出はやめた方が良いとのこと。これでいきなり400億ウォンもの損失が確定する。

貸出債権査定の中間報告について、東京本社の担当役員も現地に入り、詳細を詰めることになった。そこではチャ・ドンギさんも交え、今後の資本注入に必要な金額とスケジュールについて長時間におよぶ議論を行った。そして3月25日には当初予定通り2375億ウォンの増資を行い、6月末までに追加で1300億ウォン、その後2年間にわたり増資を実施し、合計で8475億ウォンの資本注入をするスケジュールが立案された。

チャ・ドンギさんは合計で1兆ウォン以上は必要だと考えていたようだが、東京本社の台所事情を忖度したのか、「差額は自力で稼ぎ出して埋める」と言った。しかし、当面は利益計上が見込めない中、これが不可能なことは明白だった。

とりあえず話はまとまったが、これはかなり重たいプランである。当初弾いた想定金額の3倍以上となる。実は過去に第1、第2銀行の不良債権を密かに第3銀行に飛ばしていた事実があったのだが、いわゆる組織的な隠蔽が行われていたため、2月に貯蓄銀行に戻ったチャ・ドンギさんの調査で初めてこれが判明したそうだ。この貯蓄銀行の資産劣化の実態は、やはり想像を超える底なし沼といえそうだ。

翌3月19日には戦略企画本部から、今後の事業計画についての説明を受けた。来期

2014年6月期、および来々期2015年6月期は赤字で、3期目の2016年6月期からやっと黒字に転ずるものだった。藁にもすがる思いで、この計画は保守的すぎるのではないかと尋ねてみたが、有効な収益源の見通しが立たない状況ではこれがリーズナブルだ。なお、貯蓄銀行の決算月は相互貯蓄銀行法で6月と決まっている。

この直後に東京本社から、夕方に緊急電話会議を行うとの連絡があった。グループ会社のオフィスで待機していたら、出張中の担当役員だけが別室に呼ばれて会議が始まった。部屋の薄い壁越しに、東京本社の幹部役員間で真剣な議論が行われている雰囲気が伝わってきた。

そして電話会議を終えて疲れた表情の東京本社の担当役員から、「予定通り貯蓄銀行を救済する」との決定が伝えられた。この貯蓄銀行は十分に再建が可能であり、将来は投資のリターンも期待できるとの結論に至ったそうだ。

翌日は再び事業計画について議論した。IFRS連結の開始にあたり必要な企業価値評価を改めて実施するのにも、この事業計画が必要だった。戦略企画本部は一貫して保守的で、常識的な範囲でアグレッシブな事業計画を期待する私たちの意向を、なかなか汲んではくれなかった。このような溝はこれからも日常的に出てくるだろう。

このあと、ソウルから東京に向けて出発し、香港から遅れて帰国した家族と横浜の自宅で合流した。家族の2年間の香港生活が無事に終了した。

ソウル着任、第1回資本注入

海外の帰任時と赴任時に、会社で義務付けられている健康診断を一度に受診し、自宅のある区役所へ海外転出届を提出した。続いてソウルに引っ越すための荷造りと搬出を行い、最後に東京本社内で海外再赴任の挨拶回りをした。これらを東京に戻ってからの3日間で慌ただしく済ませた。

どうやら東京本社の一般社員にも、徐々に韓国の情報が伝わり始めたようで、会話の中で何か探りを入れてくる雰囲気を感じた。私は翌週、否応なくソウルに赴任するが、このわずかな帰任の期間すら穏やかに過ごせなかった。

3月25日から韓国での生活がスタートした。前週、戦略企画本部に再考を指示していた事業計画に関し、結果を聞くための会議に参加したが、同本部とまだ意見がかみ合わない。今回からアドバイザーのＰｗＣサミルも出席していたが、みな渋い顔をしていた。

翌26日には第1回の増資払込みが完了した。２０１２年12月末時点において大幅に毀損していた各銀行の自己資本比率は、３ヵ月経過したあと付けで7％以上に引き上げられ、この3月末までに営業停止処分を受ける事態、すなわち貯蓄銀行の経営破綻は期限ギリギりで回避された。

そしてこれをもって、この貯蓄銀行は正式にグループの連結子会社となった。一定の制約があるため直接の資本注入は必要な追加資本金額に応じ、まず第1、第2銀行に対して一次的に行われ、次に第1銀行を通じて第3、第4銀行に2次増資が行われた。そのため全体の資本構成は複雑化した。

本件後は第1銀行の下に第3、第4銀行がぶら下がって第1銀行連結を構成し、単体の第2銀行とともに、各々がグループに連結される形となった（図4）。

その後、東京本社と当面の経営体制についての電話会議が行われた。そこでは派遣メンバーを含む各自の役職と役割分担が発表され、共同代表として元久さんとチャ・ドンギさんがともに社長に就任し、元久さんが管理各本

図4 ▶ 資本関係図

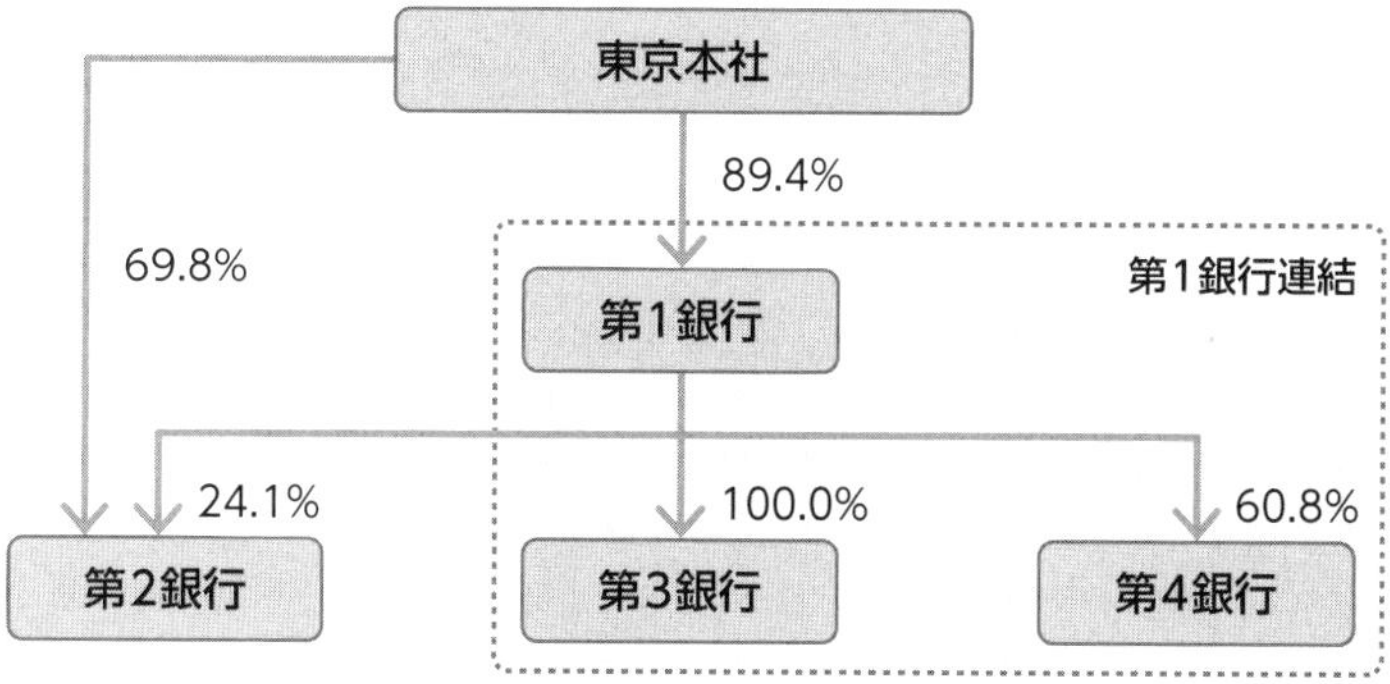

※持株比率は2013年3月の第1回資本注入直後
※東京本社と第1銀行、第2銀行との間には中間持株会社が存在
（中間持株会社は図中省略）

部を、チャ・ドンギさんが営業各本部を統括することになる。

　私は審査担当の副社長に、勝地さんが財務経理担当の常務で最高財務責任者（ＣＦＯ）の役割を担い、清水さんは不動産金融の管理業務を担当する常務となった。他の韓国人役員の役職は前述した通りだ。私は財務経理を担当するだろうと予想していたので、この役割分担を聞いたときは意外に思った。しかし、審査の正常化は銀行再建のためには急務ととらえていたので、望むところだった。

　この頃には実態把握が進み、何が銀行再建に必要か理解しつつあった。一般的に商業銀行の経営悪化には様々な要因が絡む。市場環境の急変、収益基盤の弱体化、不正行為の横行、巨額の不良債権の発生などである。

　この貯蓄銀行の場合もいくつか当てはまるが、何と言ってもＰＦ貸出をはじめとする巨額貸出を無謀に拡大したことが、この事態を招いた最大の要因だった。この背後にある全社的なモラルの低下を正し、適正な貸出システムを整備して稼働させることが、経営再建には絶対不可欠だ。

　庶民金融そのものは相応のマーケットサイズがあり、収益性も悪くはない。むしろ高い方だ。貯蓄銀行事態の発生後は金融当局も規制や指導を強化し、業界の保護に努めている。ゆえに庶民金融の本分に立ち返って「普通の経営」を行えば、必ず再建できるはずだ。

　もちろん今後も資本の毀損は進むので、それを補う資金支援が得られることが前提だ。

そしてこの普通の経営においては、厳格なルールに従って貸出のプロセスが進められる。私は貸出審査の総責任者として、その運営の中心を担うことになる。

増資の払込みも完了し、現地役職員も当座の経営破綻を免れ、ほっと息を吐いたことだろう。ここで日本からきたメンバーよりメッセージを送るのが良いと思い、以下の文章を起草し、元久社長の名前でイントラネットにアップロードした。

「このたび代表理事社長に就任することになりました、元久 存です。本日この貯蓄銀行は、日本のグループから資金支援を受け、経営再建をはかるためのスタートを切りました。当グループは、日本で最大のインターネット金融事業を展開する革新的な企業グループです。顧客第一主義の理念の下、新しいサービスの開発に努めて事業拡大してまいりました。その事業領域は日本にとどまらず世界に拡大中です。韓国でも10年以上の事業歴を持ち、インターネット証券やプライベート・エクイティ投資において、大きな実績を積み上げています。

この貯蓄銀行とのつながりは、２００２年に当グループが資本参加して以来になります。今回ここが危機に直面したことにより、これまで約20％の出資比率の主要株主から、約90％の出資比率の親会社として、主体的に経営参加することになりました。日本からは私を含め、５名の人材が送り込まれています。また、チャ・ドンギ氏をはじめ、新たに有能な人材の参加も予定されています。これらはみな協力し、銀行再建に力を尽くす決意です。ただし、私たちは将来について決して楽観的に考えているわけではありません。行く先には様々な困難が待ち受けているでしょう。私たちはこれらに対して正面から、誠心誠意、解決に努めていきます。しかしながら、私たちの力は限られています。あくまでこの会社を正しい方向に導いていくのは、みなさん一人ひとりの力です。同じ目標に向かって心を一つにし、困難に耐えこれを克服することで、初めて明るい未来がやってきます。どうかみなさん、一緒に頑張りましょう。私たちは決して不正はいたしません。何が正しいことで、何が正しくないか、それだけが判断基準です。私利私欲のない公平なものと判断される限り、誰もが意見を述べることができます。

今日を私たちの新しい出発点としましょう。あやまちがあったとしても、みなさんが築き上げたこの会社は良いところもたくさんあります。その土台に日本のグループのＤＮＡを加え、新しい時代を築き上げていきましょう。みなさん一人ひとりが主役です」

実態は極めて厳しい状況だったが、現地役職員を鼓舞するため何とか希望を持たせる内容に仕立てようとした。このあとメッセージに対して現地役職員から何らかの反応を期待したのだが、まだ疑心暗鬼なのか特にコメントが寄せられることはなかった。ただ気のせいかもしれないが、以前より彼らの表情が和らいだように見えた。

会計のダブルスタンダード

着任して早急に取り組まなければならなかったことは、多くが会計に関する問題だった。今回の増資でこの貯蓄銀行は２０１３年3月末からグループに連結されることになったが、そのため連結開始時点の貯蓄銀行の資産、特に貸出債権について、ＩＦＲＳで評価替えする必要があった。

東京本社としては可能な限りＩＦＲＳで貸倒引当金を積み増し、貸出債権評価額を実態に即し、初めから極力落としておきたいとの思惑があった。ここで十分に評価額を落としておかなければ、後々貸出債権に関して追加の貸倒引当金繰入や貸倒償却が発生した場合、いちいち連結で損失を取り込むことになる。

貸出債権評価額を落とすと連結のれんの計上額が増え、その一括減損の影響額が大きくなるのも事実だが、当面は貸出債権の劣化が進行するリスクの方が高そうで、これはリーズナブルな会計処理といえた。一方で、各銀行の単体決算は韓国会計基準が採用されることになる。そこでは金融当局の監督指針に適合した貸倒引当金の計算が行われ、それにより各銀行単体の貸出債権評価額が決まる。

引当金の算出に関して韓国会計基準はＩＦＲＳよりも一般的に緩く、２０１３年3月末で算出すると、ＩＦＲＳで貸倒引当金残高が１７１６億円に上るのに対し、韓国会計基準では日本円換算で７９９億円となる。引当の対象となる貸出債権の範囲が両基準で異なるので単純比較はできないが、ざっと2倍以上もの開きが出てしまう。

この資産評価にたずさわる戦略企画本部が、両基準に大差がつくのは問題があるという。ダブルスタンダードとして金融当局に粉飾行為とみなされたら、貯蓄銀行がペナルティを受ける可能性があるとのこと。アドバイザーのＰｗＣサミルも同じ意見らしい。

以前ＰｗＣサミルに勤務していた会計士で、今回推薦されて貯蓄銀行に転職してきた戦略企画本部長のユン・ムヨン理事が心配し、何とかＩＦＲＳを韓国会計基準と整合させるよう、東京本社を説得してくれないかとのこと。通常は会計基準間で違いがあるのは当たり前で、ここに行政が口を挟んでペナルティを科すとは考えにくかった。ところが韓国の金融当局に対しては、このような主張は通用しないそうだ。

ちょうどビザ取得のため一時帰国する予定だったので、東京で事情説明をしてみたが、五月雨式に連結損失が発生する可能性への抵抗は強かった。結局ＩＦＲＳによる貸出債権評価はこのまま確定事項となり、私は戦略企画本部にこの結論を言い渡すはめになった。

最終的に本件は、このいわゆるダブルスタンダードで進められたが、あとで金融当局が問題視することはなかった。やはり過剰反応だったのだと思ったが、これ以降、金融当局が裁量的に様々な処分を科す実態を知るにつれ、彼らの心配も理解できるようになった。

このように懸案事項が頻発していたこともあり、東京本社との報・連・相を行う場として、月2回の定例電話会議を行うことになり、「韓国会議」の名称で第1回が実施された。

初回の主な議題は、6月末予定の第2回資本注入金額についてだ。1300億ウォンを予定していたが、現在進行中の金融監督院による資産査定検査の雲行きが怪しく、注入金額を増やさざるを得ないとの現場見通しが上がってきて、大問題となっていた。

そもそも最初の資本注入に際し、先行して金融監督院の資産査定検査が終了してから、出資可否の意思決定を行うと想定していた。しかし、3月末の資本増強期限が迫ったため、見切り発車で資本注入を実施せざるを得なかった。そしてこの直後、検査が開始された。

ここまでの経緯を勘案すれば、検査に一定の配慮があるものだと期待していたが、蓋を開けてみたら検査官の対応は厳格だった。当方としては想定外の資金負担増額は認め難く、一方で進行中の検査にあとで変更を加えることは難しい。現場の検査担当官は会計事務所出身の外部採用がほとんどで、機械的で細かい事情は一切考慮しないそうだ。

ちなみに韓国の金融行政は、内政を取り仕切る国務総理の直属機関として設けられた、金融委員会が担っている。機能としては日本の金融庁にあたる。そしてこれとは別に、金融行政の実行部隊ともいえる金融監督院が存在する。この金融監督院内には貯蓄銀行監督局があり、文字通り貯蓄銀行を監督する組織として、その行政窓口となっている。

役員選任と就任式

貯蓄銀行の臨時株主総会が4月8日に開催された。ここで第1銀行から第4銀行まで新しい登記理事(取締役)が選任され、私は第2銀行の登記理事に就任した。

銀行間で役員の兼任はできず、煩雑だが別々の登記理事を選任しなければならない。さらに社外理事は全体の過半数必要と相互貯蓄銀行法で定められ、例えば常勤の登記理事を2名選ぶと、社外理事は3名以上選ばなければならない。

結局4行合計で22名の登記理事が選任された。日本からの派遣者5名以外はすべて韓国人だ。社外理事は大学教授や官僚OB、弁護士、会計士などからかき集められていた。

一通り議案の決議が行われたあと、場所を韓国料理屋に移して懇親会が設けられた。総会中はかしこまった顔をしていた社外理事も、酒が入ると様相が変わる。日本人への遠慮はどこかに消え、うれしそうにグラス片手に近づき、韓国焼酎をどんどん勧めてきた。

翌日に二日酔いに耐えて平静を装っていると、総務部から役員就任式を開催すると連絡があった。休日に外部会場を借りて盛大に実施するとのこと。当日は地方の本支店を含め、派遣社員を除いた全役職員400名余りが集まった。両社長がそれぞれ長めのスピーチを行ったあと、各幹部役員も一言挨拶する機会が設けられ、私も次のような話をした。

「初めまして、中村秀生です。みなさんと一緒に仕事をすることになり、うれしく思います。この貯蓄銀行との関係は2002年までさかのぼりますが、その当時、私は日本側担当者の一人でした。しかし、今回こうして韓国に住み、ここで働くとはまったく想像しておりませんでした。縁とは不思議なものです。韓国にくる前に住んでいた香港を気に入っていましたので、初めは気がすすみませんでした。でも住んでみて、とても気に入りました。

仕事の方は言葉の違い、社会制度の違い、考え方の違いなどがあって苦労することが予想され、みなさんにもストレスを与えてしまうことになると思います。それでもこの貯蓄銀行を良くしていこうという目標を一緒に持つ限り、これらの問題は必ず乗り越えることができます。時間はかかってもお互いをよく理解し、共通の目標に向かって頑張りましょう」

予定された行事が終わり解散かと思っていたら、最後に幹部役員と職員一人ひとりとの握手会が用意されていた。あとで聞いたらこのような儀式は普通のようだ。ところが握手も半ばを過ぎた頃、徐々にそれぞれの手が重たく感じられてきた。貯蓄銀行の行く末は、社員とその家族の生活に直接の影響を与える。握手するうちに一人また一人と、彼らの人生に保証を与えているように思えてきた。

常務会とリスク管理委員会

週明けの4月15日、最初の常務会が開催された。常務会は業務執行にたずさわる幹部役員が様々な経営課題を討議する場だ。まず各部門の現状報告が行われたあと、チャ社長から不良化した現在の社名はイメージが悪いので、グループ共通ブランドに変更すべきとの提案があった。今の悪いイメージを早く遮断しないと、既存顧客が離脱しかねないとのことだ。議論を重ねたあと、可及的すみやかに社名変更は進めることになった。

会議の最後に私から、会社の新しい経営理念を作成したいと提案した。企業にとって経営理念は重要であり核心だと思っている。経営理念が役職員や顧客に浸透し、かつ実践されているか否かにより、その盛衰は大きく変わり得ると考えていた。当初からぜひこれを作成して浸透させたいと思っていたが、もちろんこれに関して異論はなかった。

常務会とは別に、貯蓄銀行の日常運営における個別の意思決定に関しては、金融当局の指導に基づく一定のガイドラインが定められていた。このガイドラインに従って設置されているのが、「リスク管理委員会」と「与信審査委員会」だ。

このうちリスク管理委員会は、主に貯蓄銀行全体のＡＬＭ（Asset Liability Management 資産負債管理）に関すること、具体的には預金金利の変更や資産の取得、および処分、その他取引一般の意思決定を行う場と定められている。これは週2回のペースで定期開催され、各部署で起案された個別議案は事務局となる部署の検討を経て委員会に上程され、十分な討議の末、多数決で意思決定が行われる。

この委員会の委員には私と勝地さん、清水さん、戦略企画本部長のユン理事、そしてリテールリスク管理本部長の計5名が指名されている。ここでは議決権の過半数を日本人派遣役員で握ることが肝要だったが、もちろん決議は出来レースではなく、厳正に行った。

第1回の委員会は4月17日に開催された。議案は非業務用不動産の売却についてだ。非業務用不動産とは不良化した貸出の担保不動産を競売にかけ、結局は担保権者の貯蓄銀行自身が自己競落し、所有することになった不動産のことだ。競売が落札されないまま進行すると担保不動産の評価額は切り下がっていく。それに歯止めをかけるための自己競落で、結果として不良化した貸出債権が、非業務用不動産という有形資産に振り替わる話だ。

この非業務用不動産の一時所有は認められているが、貯蓄銀行は業務用以外の不動産を長期保有できない原則で、再度競売にかけるなどでこれらを順次処分していく必要がある。不良化したこの貯蓄銀行は、過去には例がないほど大量の非業務用不動産を抱えている。今回その一つに買い手が現れたわけで、切り下げた簿価よりも高い値段が付いて戻り益まで出てくる。当然ながら、全会一致でこれを承認した。

与信審査体制の構築

第1回のリスク管理委員会が終わった直後、審査企画本部長のキム・チャンフェ理事がやってきた。私は審査グループのトップなので、彼は直属の部下となる。今後の審査部の体制と審査の進め方についての相談だったが、実際は貸出の裁量限度について話したいようだ。裁量限度とは審査部の審査と与信審査委員会の決定を経ず、営業部門だけの裁量で貸出実行できる権限で、以前から一定の上限金額を設けて認められてきたものだ。

キム理事が持ってきた案は、これまでの裁量限度とほぼ同じ内容であった。平常時なら許容しても良いが、今は非常時だ。ろくな審査も経ずハイリスク貸出や情実融資を乱発したのが不良化の最大要因だった以上、厳しく手綱を締めなければならない。私は彼の持ってきた案を却下し、営業部門に裁量権を与えず、個人向け信用貸出以外の全貸出に審査部の審査と与信審査委員会の決定を必要とする、かなりハードルの高いルールに修正した。

キム理事はこの修正を聞くと一瞬顔をしかめたが、何も言わず引き下がった。彼はクレバーな人物で、このとき新しい審査の考え方や姿勢を理解したのだと思う。

以前は審査部や与信審査委員会は軽視されてきた。営業担当のいつもの口上だが、顧客はスピード重視で早く回答しないと他に案件を取られてしまうので、裁量限度は必要だとのこと。しかし、そのような取りこぼしがあったとしても、審査の手を緩めることは許容できない。審査の重要性を浸透させるため、厳しい姿勢で臨まなければならない。

新体制になって初めての与信審査委員会は、4月23日に行われた。この委員会の委員は私と勝地さん、清水さん、戦略企画本部長のユン理事、審査企画本部長のキム理事、そして案件ごとに担当する各与信営業部長がオブザーバー参加し、合計6名の体制となる。

ここの委員長は審査グループのトップである私だ。ちなみにリスク管理委員会の委員長は、財務経理の最高責任者である勝地さんが務める。

与信審査委員会は、営業部門が獲得した貸出案件の実行可否について、最終の意思決定を行う場だ。この委員会への上程前に、案件は審査部の厳正な審査を通過しなければならない。そして審査部では、信用リスクの判断とともに法律や規程違反のチェックを専門職の審査役が実施する。ここで不適当と判断された案件は、委員会には上程できない。

私は社会人生活を日本の銀行でスタートした。入行当時はバブル経済が弾け、銀行のアセットが急激に悪化していく時代だった。盤石といわれた日本の大銀行が不良債権問題であっさりと弱体化するのを目の当たりにし、与信管理がいかに大事かを学んだ。このときの経験から、銀行は審査だけは疎かにしてはならないとの教訓を得ていた。逆に言うと、審査さえしっかりしていれば、銀行が決定的におかしくなることはないと理解している。

最初の委員会には6件の継続案件が上程されていた。いずれも既存の貸出を継続するかしないか、その是非を問うものだ。各案件についてまず営業部署の担当者が、資料をもとに概要を説明する。資料は1件当たり10ページを超え、20～30ページにおよぶものもある。担当者はとにかく一から十まで全部説明しようとする。以前、この審査プロセスはほとんど形式的なものだった。これほどしっかり委員会を行うのは初めてで、おそらく要領がつかめなかったのだろう。説明のあとは質疑応答に移るが、通訳を介すので時間がかかる。また、元々まともな審査もなく実行された案件なので、内容はひどいものばかりだ。

それでも四苦八苦しながら、重箱の隅をつつく質問まで繰り返し、何とか理解して決議していった。結果は一部で条件付きとしたが、全案件を承認した。日本の銀行で目にしたものとはほど遠い、サブプライム案件ばかりだ。結局昼食を挟み、委員会は6時間余り続いた。終わったときは疲労困憊だ。

私は与信審査の適正化が銀行再建のカギになると確信していたので、絶対に手を緩めないと決めていた。しかし、いつも初回のような長時間の委員会を続けたら、全員が疲弊してしまう。従って質を落とさないまま、運営を効率化する必要性を感じた。

これ以降の説明資料は前日夕方までに提出してもらい、各委員は翌日の委員会までに読み込んでおくことを義務とした。会議では担当者の説明を省き、質疑応答から始めることにした。また、説明資料はワークシートなどを活用して極力簡素化、定型化し、つくるのも読むのも負担を減らせるよう記載事項を絞らせた。ただ逆に、連結や時系列の財務情報など、これまであまり資料に含まれなかった定量情報を指定し、添付するよう指示した。

説明資料を読んでいて感じたのだが、営業部署の担当者がつくる資料はとにかく定性的な説明が多い。一方で、財務分析といった作業が決定的に不足していた。「社長は業界の重鎮で、経営手腕には定評がある」といった説明は長々と記載してあるのだが、過去の決算推移は整合性が取れているかとか、事業計画数値に妥当性があるかとか、定量的な分析が疎かであるとの印象を持った。

私は各案件に可能な限り3期分の連結、および単体の財務諸表の添付を要求した。たとえ担当者が財務分析を疎かにしても、自身でこれをやろうと思った。私は財務諸表の中でもバランスシートを綿密に見る傾向がある。その時系列推移を眺めていると、対象企業の実態が自然と頭に浮かんでくる。

最初の半年間の与信審査委員会は、互いに大変な労力が伴う作業だった。説明資料の翻訳が夕方に届き、真面目に読んで関連情報を調べているうちに、帰りが深夜12時を越えることもざらだった。ただ、委員会は数を重ねるうちにお互いの理解が進み、段々と要領もつかめてきたことで、全体的な負担は減っていった。もっとも、減ったのは既存の継続案件がほとんどで、営業活動が活発化していく中で新規案件がどんどん持ち込まれ、再び私の残業時間が増えていくことになるのだが、この理想的な展開はまだ先の話になる。

資産査定検査、経営理念の作成

2013年4月初めから始まった金融監督院による資産査定検査の様子が、次第に明らかになってきた。実に4000億ウォン近くの追加引当を要求するものになりそうだとのこと。聞いたときは耳を疑った。2375億ウォンを3月下旬に資本注入したばかりだ。

検査結果は5月6日に正式示達された。追加引当は3890億ウォンに上り、2013年3月末基準で第4銀行を除き、他の3行の自己資本がマイナスに逆戻りという厳しい結果となった。第4銀行も同比率が3％を割っており、このままだと4行すべてについて、経営改善を促すための行政処分を受ける。さらに、検査結果を踏まえ、前年の2012年6月期、および同年12月中間期の二つの決算についても、遡及修正を要求されていた。これらは監査法人による監査を受けているのだが、これを完全にひっくり返すという。

連日真綿で首を締められていくような、重苦しさを感じる日々が続いたが、当時は後ろ向きの仕事だけをしていたわけではなく、種々問題が発生する間にも、常務会で提案した経営理念の作成は鋭意進めていた。経営理念は言わば企業の憲法で、すべての企業行動の根本だ。経営理念がない、あるいはそれが形骸化している企業は、糸の切れた凧と同じだ。

銀行再建にあたり、真っ先に取り組むべき優先事項だと理解していた。
日本のグループには、創業時からの企業哲学が宿るともいえる五つの経営理念があった。この貯蓄銀行は今回正式にグループ入りしたので、このグループ経営理念を反映、踏襲したものが望ましいだろう。韓国人スタッフの意見を採り上げてシンプルな漢語風にまとめ、でき上がってきたのが、次の五つだ。

①顧客中心 ②社会的責任 ③革新追求 ④正道経営 ⑤自己革新

この経営理念は押し付けではなく、役職員全員が共有し、自身の信条にしてこそ機能する。以前、海外の某ホテルチェーンがこの点を重視し、経営理念をCredoと表現していた。Credoとは信条を意味するラテン語だ。英語のCreditの語源でもある。役職員には新しい経営理念を自身の信条としてもらいたく、五つの経営理念を「Our Credo」と命名した。

資産査定検査については引き続き金融監督院と交渉していたが、結果を変えることは困難に思えた。ところが２０１２年6月期、および同年12月中間期に遡及して修正を行うことは、これらに適正意見を述べた監査法人にとって受け入れ難いことだった。特に第2、第4銀行を担当するＫＰＭＧサムジョンが強硬で、金融監督院と争う構えまで見せていた。

困ったのは、このままだと第３四半期決算まで締められないことだった。ここは以前、資本補完策として公募劣後債を発行していたため、四半期決算終了後45日以内の決算公示義務がある。その期限が5月15日に迫っていた。

決算の遡及修正を回避すべく、繰り返し金融監督院と交渉したが不調だった。とりあえず当方から検査結果に関して異議申し立てを行うこととし、一旦は検査結果を反映した四半期決算を公示することで、ＫＰＭＧサムジョンには矛を収めてもらえることになった。

まだ問題があった。通常は金融監督院が検査結果を公表し、そのあとで貯蓄銀行が決算公示をする。今回は異議申し立てを行うことから検査結果の公表は延期され、事前告知がないまま大幅に貸倒引当金を積み増しした貯蓄銀行の修正赤字決算だけが、いきなり世間で独り歩きすることになる。

過去に多くの貯蓄銀行で業績悪化の公表が顧客不安を招き、貯蓄銀行事態と呼ばれる金融危機の中で、預金の取り付け騒ぎにまでつながった。金融当局から何の発表もないまま当方だけが巨額の修正赤字決算を公示すれば、顧客からの無用な不安や憶測を呼んで、同様な取り付け騒ぎを引き起こす可能性が危惧された。

5月15日の午後6時直前、締め切り時刻ギリギリに公示した決算は、やはり多くのマスコミが食いついてきた。翌早朝、私を含め各役員は本支店に分散待機して有事に備えた。

ところが結果は拍子抜けするほど何も起こらなかった。顧客は過去の経験から預金額を預金保険範囲内の５０００万ウォン以下に抑えており、仮に銀行が破綻しても預金はすべて保護される。本支店内はいつも通りでまったく平静だ。幸い空騒ぎだったと安堵したが、本当に気が抜けない出来事ばかりが起こり、日々身の細る思いだった。

貸出営業の立て直し

経営不安に伴う混乱は続いていたが、銀行本来の営業を止めるわけにはいかない。この貯蓄銀行は今やサブプライム銀行そのものだが、サブプライムローンからは比較的高い金利が取れるのが魅力だ。特にリテールは個人向け信用貸出で高収益が期待できる。

ところがここでも問題が起こった。貯蓄銀行には顧客属性別に自己資本金額などに連動する、個別貸出先の与信限度額が定められている（図5）。ここでもし自己資本金額がマイナスになると、与信限度額は計算上ゼロになる。今回の資産査定で貸倒引当金は大幅な積み増しを迫られたので、この2013年6月末も第1～3銀行の自己資本金額がマイナスとなることは確実で、何と8月からは第4銀行でしか貸出が実行できなくなる。

元々法人貸出はずっと過少自己資本で与信限度額が十分に確保できず、新規貸出は思うように取り組めていなかった。ところがリテール貸出まで実行できなくなると、これは痛手だ。幸い第4銀行だけは実行可能だが、かなり制限的な運用となってしまう。

大変な逆風下での営業推進になるわけだが、元久さんはリテール事業に強い意欲を示していて、特にヘッサル（日差し）ローンを推進したいようだ。ヘッサルローンとは信用等級の低い庶民向けの貸出商品で、デフォルトが発生した場合、政府が特別に設定した財源から元本の95%(当時)まで代位弁済を受けられる。貸出金利は低く抑えなければならず、収益性は高くない。しかし、相応のボリュームを扱えば一定の利益は確保できるので、他行では積極的に取り扱っているところもあった。

ただ、これをリテール事業の中心に据えることは果たして正しいことか、疑問を持った。この商品は貸手と借手双方のモラルハザードを助長する。その結果、延滞が大幅に増えてしまうかもしれない。これが健全に長続きすると思えなかった。

なお、信用等級とは信用評価会社による信用評価制度のことで、通常個人が借入を行うためにはこれが必要となる。等級は在職状況、所得水準、資産現況などによって、高信用の

図5 ▶ 主な顧客属性別与信限度額

顧客属性		与信(貸出)限度額	
大株主		与信不可	
個別貸出先	法人	100億ウォン	左記金額、または銀行自己資本金額の20%のいずれか少ない方
	個人事業主	50億ウォン	
	個人	6億ウォン	
同一グループ向け貸出合計		銀行自己資本金額の25%	
業種別合計	PF貸出(A)	銀行総貸出残高の20%	
	建設業(B)	銀行総貸出残高の30%	
	不動産賃貸業(C)	銀行総貸出残高の30%	
	A+B+C	銀行総貸出残高の45%	
有価証券投資限度		銀行自己資本金額の100%	

1等級から低信用の10等級まで分類され、全体の半分近くが4から6等級に属しているといわれていた。

さて、銀行業におけるリスク管理の要諦は、古典的だがまずはリスク分散だと考えている。「卵を一つのカゴに盛らない」とは資産運用テキストの初めに出てくる格言で、運用資産を分散させることは信用リスク管理の基本の一つだ。どの役職員も理解できる概念として、このリスク分散を大原則として定着させたいと思った。そしてこの観点から運用資産は多様化するのが望ましく、停滞する法人貸出も活性化させるべきだった(図6)。

四つの銀行にはそれぞれ法人貸出を担当する与信営業部があり、独自のソースで営業を行っていた。各与信営業部を統括する企業金融グループをリードするのは、今回追加で貯

図6 ▶ 区分別貸出残高推移

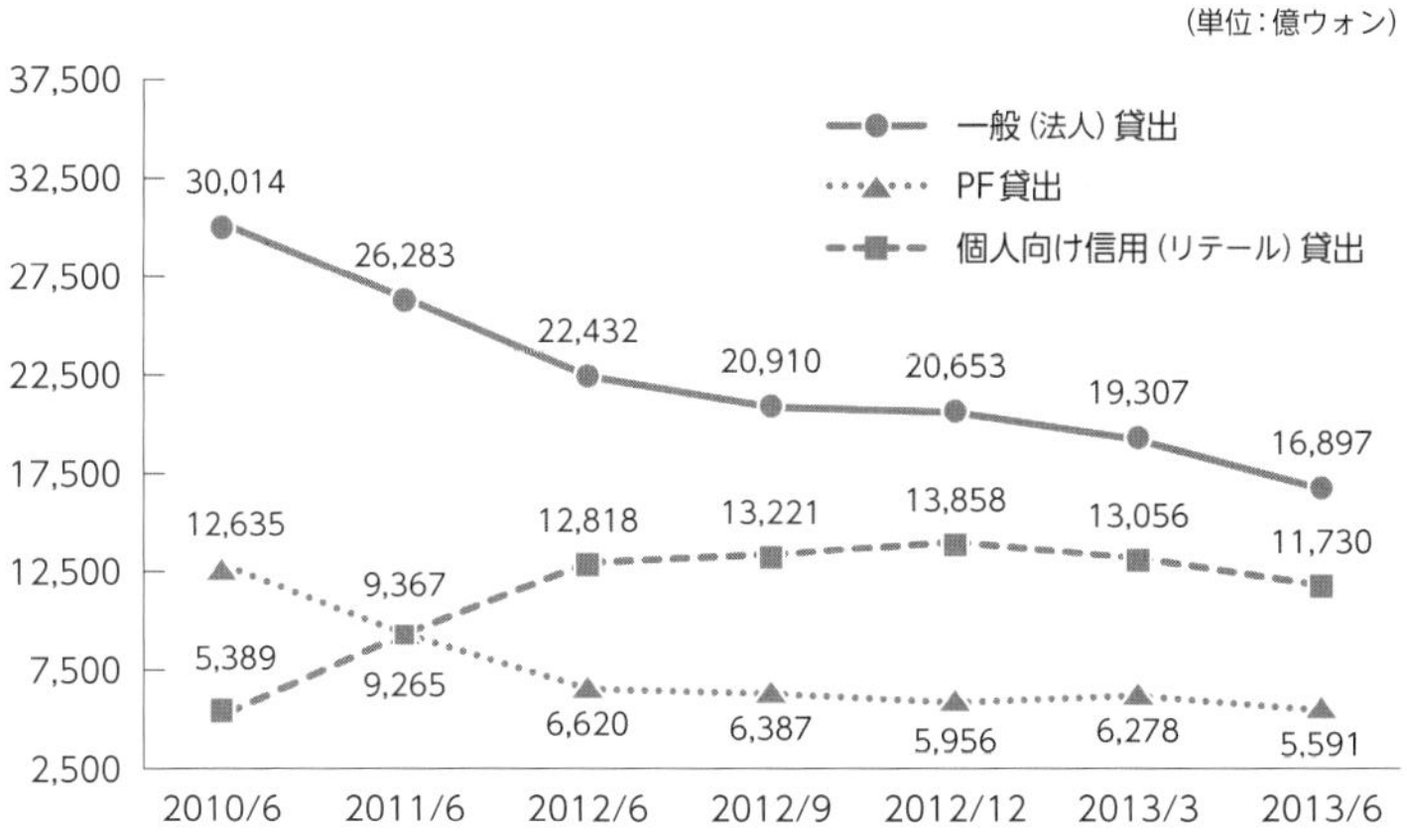

蓄銀行に派遣されてきた、メガバンク出身のパク・ソッキ常務だ。パク常務から与信営業部のメンバーが今後どのように営業を進めたら良いか意見交換を望んでいると聞き、審査部と企業金融グループとで議論の場を設けた。

そこで出てきた意見は、貸出ガイドラインを設けてくれとか、裁量限度を拡大してくれといった営業の要望だった。貸出に一定のガイドラインを設けることは理解できるが、そこから透けて見えたのは、ただパッケージ化された貸出だけをやりたいとの安易な姿勢だった。裁量限度の拡大要請についても、ともかく面倒な審査手続きは回避したいとの、消極的な姿勢ととらえられた。

ところで、当初スタートした共同代表制においては両社長が事業分担をし、元久さんは主に管理部門を、チャ社長は主に営業部門を、それぞれが独立して統括していた。しかし、元久さんには関心の高い営業部門をお願いした方が望ましいのではと私は思い始めていた。

そこで両社長の役割をそっくりそのまま入れ替える組織、および人事の変更案を作成し、内々に意見を求めたところ、反対意見は出なかった。両社長本人にも相談し、常務会のメンバーに根回しをした上で、5月20日の常務会でこの変更案を決定してもらった。

営業に関心の高い元久さんにはもとより異論のないところだ。チャ社長は私がこれを事前相談したとき、わかりましたと短く答え、すぐに決算修正に関する金融監督院との交渉状況の説明を始めた。おそらく内心は不満だったのだろう。

リテールの問題と法人貸出の問題

リテール事業の主力商品である個人向け信用貸出は、商品名をアルプスローンといった。社名にあるスイスにちなんだネーミングだが、名前を変えた方が良いと検討が進められていた。ところが担当のイ専務から常務会の場で、新商品名とともに会社ウェブサイトのデザインも改変しておいたと発表があった。これはかなり唐突感のある話であって、他の常務会メンバーから一斉に非難を受けた。リテールグループは、ときおり全体的な視点が疎かになることがあった。

イ専務がリテール事業の収益計画について、向こう2年間は黒字化しないと発表したとき、さすがにそれは認められないと抗議した。そんな悠長な計画ではこの難局を抜け出すことは不可能だ。他にもリテール事業で発生した延滞貸出を、まとめてバルク（束）で売却したいという。これらをディスカウントして外部売却し、延滞率を下げようとの狙いだ。この件は収支的なインパクトから困難との分析結果が出ていた。バルク売却はできないと突っぱねたが、このあと何度も同じ要請を受けており、あきらめていない様子だった。

一方で、法人貸出にも問題があった。K産業という不良貸出先があったが、ここの関連企業への同一グループ向け貸出を、長らく隠蔽していた事実が発覚した。K産業から徴求したこの関連企業向けの保証書を、金融当局の検査時に毎回疎開し、本来は同一グループ向け貸出として貸倒引当金の計上が必要だったにもかかわらず、別管理を装って回避していた。全体の計数に影響大ではあったが、同一グループ向け貸出と認定し、引当基準に従い150億ウォンの損失を計上した。

また、ある日の与信審査委員会で、勤務先の店舗不動産を買い受けるため、そこの従業員に対して実行された貸出の継続を審議した。この従業員は、勤務先のただのヒラ社員であった。おかしいと思い担当者を問い詰めていったら、その勤務先は事故先で、不良債権をKAMCO（Korea Asset Management Corporation 韓国資産管理公社）に移管していた。

KAMCOは担保となるこの店舗不動産を競売にかけていて、そこで価値が切り下がると貯蓄銀行に追加ロスが遡及するので、前の担当者がこの従業員にローン付けし、物件を競落させたものだった。従業員に元金の返済能力はなく、利払いのみ継続していた。

ところで、この話に登場したKAMCOとは公的な不良債権処理機関だ。金融機関から不良債権を買い取ることを主要業務とする。財務状況が悪化した貯蓄銀行から不良債権を一括して切り離すため特別な債券を発行し、不良債権との交換で貯蓄銀行に保有させた。この債券は5年かけて順次償却、損失計上するため、債権処理からのロス発生を段階的に緩和する。根本的な問題解決には至らないが、会計上の一時的救済措置にはなっていた。

経営改善計画

異議申し立て中ではあったが、先の資産査定検査の結果を受けて金融委員会で決定された行政処分が、6月5日に送達されてきた。第1～第3銀行は最も重い経営改善命令で、第4銀行だけ比較的軽微な経営改善勧告だった。なお、この二つの処分の中間は経営改善要求だ。これら処分の判定基準となる必要自己資本比率の水準は、先の貯蓄銀行事態を受けて前年7月から引き上げられ、さらに各銀行の資産規模別にこの翌年と3年後、改めて引き上げられる予定だった（図7）。

このような処分を受けると今後の営業継続のため、資本増強策と将来事業計画を内容とする「経営改善計画」を提出しなければならない。その期限は6月24日と設定され、その上で金融委員会の承認を得る必要があった。承認が得られないと、その先は営業停止処分、すなわち経営破綻となる。これは深刻な信用の失墜で、大きな痛手を受けたことになる。

東京本社と連携しつつ戦略企画本部のメンバーと経営改善計画を作成し、何とか提出の目途がついた土壇場で、交渉してきた検査結果の異議申し立ての一部が認められた。そして検査結果も反映させた修正自己資本金額は、過去2期分も合わせて次の通り確定した。

■第1銀行の修正自己資本金額

・2012年6月期　539億ウォン→▲763億ウォン
・同年12月中間期　▲445億ウォン→▲2322億ウォン
・2013年3月末　▲1283億ウォン→▲1251億ウォン

■第2銀行の修正自己資本金額

・2012年6月期　625億ウォン→87億ウォン
・同年12月中間期　152億ウォン→▲785億ウォン
・2013年3月末　▲959億ウォン→▲919億ウォン

■第3銀行の修正自己資本金額

・2012年6月期　440億ウォン→198億ウォン
・同年12月中間期　524億ウォン→56億ウォン
・2013年3月末　▲210億ウォン→▲186億ウォン

■第4銀行の修正自己資本金額

・2012年6月期　1002億ウォン→705億ウォン
・同年12月中間期　1004億ウォン→498億ウォン
・2013年3月末　181億ウォン→188億ウォン

どの銀行も2012年6月期、および同年12月中間期の自己資本金額を遡及して、大幅に下方修正されている。第1銀行は1年前からすでに債務超過に陥っていて、第2銀行も半年前から債務超過に転落していたことになる。第3、第4銀行も当時公表した数字から、大きく自己資本が毀損している。

この数字を目の当たりにし、もはやコメントできる気力は残っていなかった。初めからこの数字が明らかだったら、日本から再建支援には乗り出さなかったのではないか。

今となってはこの結果を受け入れ、先のことだけを考えていくしかなかった。多大な資金負担を伴う増資計画と実に楽観的な収益改善策を取りまとめ、経営改善計画を期限当日に提出し、金融当局にはそのまま受理された。

図7 ▶ 貯蓄銀行の必要自己資本比率

$$\text{自己資本比率} = \frac{\text{自己資本}^{※1}}{\text{危険加重資産}^{※2}}$$

※1 基本資本＋補完資本－控除項目
※2 Σ（資産×危険加重値）
　－ 補完資本未認定貸倒引当金

W：ウォン

	2012年6月まで	2012年7月以降2014年6月まで		2014年7月以降2016年6月まで		2016年7月以降
資産規模	—	2兆W以上	2兆W未満	2兆W以上	2兆W未満	—
必要自己資本比率	5％以上	6％以上	5％以上	7％以上	6％以上	7％以上
経営改善勧告	5％未満	6％未満	5％未満	7％未満	6％未満	7％未満
経営改善要求	3％未満	4％未満	3％未満	5％未満	4％未満	5％未満
経営改善命令	1％未満	1.5％未満	1％未満	2％未満	1.5％未満	2％未満

・2013年3月末時点で第1銀行のみ資産規模2兆ウォン以上
・第1銀行は第2～4銀行の大株主適格性要件で7%以上の自己資本比率を要す

最初の連結決算、経営改善計画の承認

2013年6月末が過ぎ、最初の四半期が終了した。期ずれがあるのでグループ連結決算で見れば2014年3月期の第1四半期にあたり、貯蓄銀行の単体決算で見れば2013年6月期の最終四半期となる。

決算作業は先に韓国会計基準の単体決算を作成し、そのあとに連結決算のIFRSに組み換える。前述の通り、元々貸出債権の評価が両基準で大きく異なるため、貸倒引当金繰入や貸倒償却費の計上が継続的に発生している状況では、両決算の数字は大きく異なる。韓国会計基準の単体決算は明らかな赤字決算で論外だが、問題はIFRSの方であった。3月末の連結開始時点で、貸出債権評価額をIFRSに基づき十分過ぎるほど落としていた。従って時間の経過で貸倒引当金繰入や貸倒償却費が追加発生する余地はなくなり、貯蓄銀行の子会社化に起因するグループ連結上の損失インパクトは発生しないはずだった。

ところが貯蓄銀行の貸出債権の劣化は予想を大きく超えていた。4月からの2ヵ月を対象に試算を行ったところ、IFRSでも54億円の連結損失が発生する結果となった。あとでこの主因がデータ処理の間違いとわかったが、それでもまだ相当の損失が残っていた。

この背景にはまだＩＦＲＳ対応を始めたばかりで、貸出債権の評価替えが上手く運用できていない事情があった。ＰｗＣサミルとは貸出債権評価方法の合理的な改定ができないか議論を重ね、監査を担当するデロイトアンジンとも交渉し、より精緻な評価方法を取り入れてこの難局を乗り切ろうとした。

７月の２週目には与信関連費用の速報値が出てきたが芳しくない。何回かの交渉のあと、会計方針の継続性の原則を順守することを条件に、当方から提案した評価方法がデロイトアンジンとの間でまとまった。この結果、第１四半期のＩＦＲＳ連結税引前利益に対し、貯蓄銀行は８億円の利益貢献でなんとか着地した。

一応だが、韓国会計基準の２０１３年6月通期の数字もあげておく。ここにあるのは第３、第４銀行を含む第１銀行連結と第２銀行単体の数字だ。

■第1銀行連結　営業収益　4095億ウォン　当期純利益　▲4013億ウォン
■第2銀行単体　営業収益　1665億ウォン　当期純利益　▲1839億ウォン

営業収益、当期純利益をそれぞれ足し合わせれば、全体の数字がつかめる。ご覧の通り当期純利益は、一般企業の売上高に相当する営業収益を上回るほどのマイナスだ。もはや意識すら失うレベルであった。

6月24日に提出した経営改善計画は、金融委員会が選任したメンバーからなる経営評価委員会に上げられ、その評価を受けることになっていた。審議の雰囲気を探ってみると、どうも雲行きが良くないようだ。経営評価委員会の関心の的は貯蓄銀行の増資計画にあるが、本当にそれが履行されるのか疑念を持っているらしい。

資金負担軽減のため、増資は段階的に数度に分けて行う計画だったが、なぜ一気に資金投入しないのかとの意見が噴出しているそうだ。確かに日本からの支援が今後も継続するのか、心配になる気持ちはわからなくもない。そんな中でチャ社長から、私も経営評価委員との面談に参加して欲しいと要請された。委員たちを納得させるためには、日本の派遣者から説明するのが良いとの判断だった。

7月14日に面談に出向くと、民間の弁護士などから選任された5名の委員が座っていた。机上の資料だけを眺めながら黙って私の説明を聞き、30分ほどで面談は終了した。一応風向きが変わるのを期待したが、効果はあまりなかったようだ。

翌7月15日、今度は金融監督院の貯蓄銀行監督局から呼び出しを受け、チャ社長とともに訪問した。監督局長によると、経営評価委員会は増資の実現性に懐疑的とのこと。このままでは計画は承認されないので、もう少し突っ込んだ方が良いとアドバイスしてきた。

東京本社に相談し、経営改善計画と合わせて当方から書面で要請していた、営業推進上のいくつかの便宜扱いを認めてくれるならば、今後の増資実行の確約書を出しても良いとのことになった。ところがこれら便宜扱いの容認を条件とした当方提案を、金融委員会は完全に却下した。そして増資確約の要求だけが、ますます強硬に主張された。

見通しの立たない先のことまでは約束できないと、きっぱり撥ね付けたかったが、それでは委員たちの不信感は高まるだけだ。急ぎ対応策を協議したが、予定する2回目の増資金額を増やすことで譲歩せざるを得ないとの結論になった。ただし、東京本社の取締役会でこの増額がすんなりと承認される保証はなかった。

7月26日に予定された経営評価委員会の前日、私は再び委員たちに呼び出された。こちらとしてはもう信用してくれとしか訴えようがなかった。やはり委員たちの反応は鈍い。彼らの疑念を払拭することができなかった。

最終的に経営評価委員会からは、「経営改善計画の承認にあたり、12月に実施予定の第3回増資まで先行して取締役会決議を行うこと」との意見書が提出された。ここまでの東京本社による意思決定は、さすがに抵抗感のある話だった。計画の承認は完全に暗礁に乗り上げてしまった。

社内で職員の退職が増えてきた。経営改善計画の承認が上手く進んでいないことは、もう社内中に伝わっていた。将来に向けたビジョンを示せない中、不安に駆られた職員は次々と転職していく。

これではまずいということで、当初から方針として決定していたが、ある理由で一旦延期していたグループ共通ブランドへの社名変更を、9月1日実施で準備を再開した。経営再建へのコミットメントを示す狙いだが、この程度では社内の不安は払拭されなかった。

ところが8月8日の東京本社取締役会で、9月末予定の第2回資本注入2462億ウォンを1ヵ月前倒しし、その確約書を直ちに金融委員会に提出することが決議された。これは双方手詰まりになっていた膠着状態を、解きほぐすきっかけとなった。そして8月14日の金融委員会で、経営改善計画は承認された。

最後はやや拍子抜けするほどあっさり承認が下りたように思えたが、この裏ではチャ社長をはじめとする担当スタッフたちが、昼夜を問わず粘り強い働きかけをしていたのだと理解している。何はともあれ、またしてもこの貯蓄銀行は経営破綻の危機を乗り越えた。

初めて貯蓄銀行を訪れてから、早や半年が経過した。ここまで紆余曲折を経ながら歩みを進めてきたが、これで良かったのかと自問した。私たち日本人派遣役員と現地役職員は、果たして相互理解を深めてきただろうか。言語やコミュニケーションの壁は大きかった。互いに不満を溜め込み、不信感が鬱積していたのではないか。

しかしながら、少しずつだが私たちはともに前進していた。4月13日の役員就任式で私が全役職員に向けたメッセージにある通り、「違いはあっても共通の目標に向かうことで、必ず理解し合える」。この信念はまだ揺らいではいなかった。

第2章

混迷

2013年9月～12月

役員人事と社名変更

経営改善計画が承認されたことで、やっと銀行再建に取り組むスタートラインに立てたといえるが、今後これを力強く進めることができるかは不透明なままだった。その要因の一つとして、共同代表制が上手く機能しているかという疑念があった。

元久さんとチャ社長の役割を入れ替えたりしたが、このように権限が流動的で分断されていることは、難しい局面ほどネガティブに作用する。やはり強力なリーダーシップを発揮できるトップがいる方が望ましい。

実質破綻銀行の再建という難しいプロジェクトであることから、現地で十分なスキルと実績、ネットワークを持つ人物に舵取りを任せたいというのが当初の本音ではあった。ただそのような都合の良い人材がすぐに見つかるわけもなく、ましてや実質破綻した金融機関のトップを引き受けようとする者が、本当に見つかるだろうかと疑問だった。

特に貯蓄銀行は当地での地位は高くない。不祥事で経営者が何人も逮捕されていたので、就任するのはリスクが高いと見られている。ところがある筋から、有力な社長候補を招聘する用意があると伝えられた。その人物は官僚経験があり、ビジネスの実績も豊富で、政官財に幅広いネットワークを持つそうだ。さらに最高学府のソウル大学出身だった。

8月19日にこの人物と面談することになった。名前はキム・ジョンウクさんといい、年齢は数え年で57歳とのこと。なお、韓国では数え年が一般的で、これだと満年齢で55歳か56歳になる。自己紹介が終わると彼は持参した資料を配りだし、ビジネスプランの説明を始めた。尊大なエリート然とした人物を想像していたが、英語で懸命に説明する姿はむしろ親しみが持てた。

その後、彼は東京本社での面接を経て、代表理事社長への就任が内定した。これに伴い元久さんは入れ替わりで帰任する。チャ社長は登記理事(取締役)から外れて非登記理事(執行役員)の副社長として留まり、リテール事業を統括することになった。そして同事業を担当してきたイ専務は退任する。さらに法人貸出強化のため、担当役員を含む何名かをヘッドハンティングし、これをもって現担当のパク常務は退任する見通しだ。

半年たらずでこれだけの役員異動を行うことになり、想定外の人事に驚きを隠せなかった。しかし、これはキム新社長が最大限リーダーシップを発揮するための体制変更だ。

そしてついに9月1日、社名変更の日を迎えた。前日の土曜日に第2銀行本店の看板が掛け替えられる様子を見たときは、少々センチメンタルな気持ちになった。当日はカンナムにある外部ホールを借り、社名変更式が内輪で開催された。会場入り口付近には新社名を冠したブースが設けられ、待ち時間に職員たちがうれしそうに記念撮影をしていた。

変更式は手の込んだプロモーションビデオで始まった。中盤には職員からのビデオメッセージが映し出され、ほとんどが新しい門出に期待を膨らませていた。しかし、多くの同僚が辞めていったことを嘆く女性職員のコメントを耳にしたとき、胸をえぐられるような気持ちになった。本当はみなそれぞれ辛い思いをしてきたのだろう。

式も後半になり、キム新社長が檀上に立ち、全員が注目する中で就任挨拶を行った。緊張してやや気後れしているように見えたが、みな神妙にその話に耳を傾けていた。

ところで、過去の不法行為について退任した旧経営陣が逮捕されるのは時間の問題だったが、今も在籍する幹部役職員に対しても、ペナルティが課される可能性があると報告された。不法行為を働いた役職員はすべて排除されたものと思い込んでいたが、その温床は想像以上に広範囲にわたっていた。

8月22日の朝、審査グループのキム理事と企業金融グループの理事1名が、検察に任意の呼び出しを受けた。彼らは以前、ＰＦ貸出を推進していた面々だ。午後には検察から資料請求の要請がきた。検察から戻ったとき、キム理事は完全に顔付きが変わっていた。

検察の捜査は2ヵ月ほどあと、企業金融グループ現職理事の逮捕という事態に至った。本人から逮捕前日に退職届が提出されていた。覚悟はしていたものの、この逮捕はショックだった。彼は過去に延滞債務者と結託し、その利払い資金を着服していたそうだ。ゴルフや食事などで過剰な接待も受けていた。

新社長の力量

キム社長が常務会に初参加した。まだ慣れていないせいか、そこで目立った発言はなかった。一方で熱弁をふるったのはチャ副社長だ。彼はリテール主力商品の個人向け信用貸出バビルローンに、全リソースを集中する方針を打ち出した。

バビルローンは前述のアルプスローンを名称変更したもので、常務会の多数決で決定された新名称だ。「バビル」には「すぐ出る」といったニュアンスがあるようで、言わば「すぐ出るローン」というネーミングだ。

キム社長は与信審査委員会にも顔を出してきたが、ここでもほとんど黙ってうなずいているだけだった。一方で、NPL事業には並々ならぬ関心を示した。NPLとはNon-Performing Loanの略で、いわゆる不良債権だ。

韓国ではこのNPLの売買市場が非常に発達し、不良債権問題に苦しむいくつかの貯蓄銀行は、NPLの供給者として市場の有力なプレイヤーとなっていた。この市場は年々ホットになっていて、以前は額面の数%しか値がつかないような無担保ジャンク債権プールが、直近では10%超で取引されるケースも出てきていた。

キム社長は早期の不良債権処理と売却益計上の双方に魅力を感じ、NPL事業を目玉ビジネスにしたいようだ。そして第3銀行で内部監査を担当するファン・チョルジョ監査室長を抜てきし、NPL部門のトップに据えた。

ただし、そもそもは不良債権だ。売却益が出るといっても以前引き当てた損失の一部が戻ってくるだけで、通算ではマイナスだ。例えば他社からNPLを仕入れ、高く転売できれば差益が出るが、それはもはや商業銀行の業務ではない。しかし、キム社長が肝煎りで進めたいビジネスを邪魔するのもはばかられ、このときはあえて言動を慎んだ。

ある日、キム社長が人事について相談があるとのことで、韓国人幹部役員や勝地さんとともにミーティングを設けた。その内容は審査企画本部長のキム理事、リテール営業本部長、与信営業第4部長の3名を同時リストラするものだった。

ただ、現段階でこれ以上のリストラを進めることは、日々のオペレーションに影響が出るし、役職員の不安をあおる結果にもなる。よってすぐにリストラせず、一旦は部署の異動と降格を検討してはどうかと提案してみた。

ところがここで反応したのは韓国人幹部役員たちで、過去の不正に少しでも関与した者は、容赦なく切り捨てるべきだと強く主張した。結局これはこの通り実施された。キム社長からの提案を装っていたが、実は韓国人幹部役員たちの発案だった。新社長の経営体制を固めるため、旧勢力に関与した者を粛清するような、そんな雰囲気さえ感じた。

かかるリストラで欠けた人材を埋め合わせるため、リテールグループの本部長理事2名を採用することになった。二人とも金融業界の経験が長く、いくつかの著名企業を渡り歩いていた。一人は根が暗そうで、もう一人はやんちゃそうな印象を持ったが、問題はないと思った。懸念があるとすれば、リテールグループを統括するチャ副社長とこの二人が上手くやっていけるかという点だった。どうもこの採用人事は、チャ副社長に根回ししないまま進めたようだ。

法人貸出部門でも急ぎ採用を進めていた。韓国外換銀行のファイナンス子会社で営業部門長を務めていた人物を迎え入れ、あわせて彼の主要スタッフ3名も引き抜いてくるのだ。彼らは韓国外換銀行とハナ銀行の経営統合で重複が発生する部門に属していたため、それを見越して他社への移籍を考えていた。

面談した常務候補のチェ・ソンドンさんは、一見して相当実力がある人物に見えた。元は韓国外換銀行本体でキャリアを積んだ人物なので、エリートといえるだろう。私は彼に率直に法人貸出の惨状を伝えた。マイナスからのスタートになると前置きし、それでもこの難しい仕事を引き受けてもらえるのなら、協力を惜しまないと約束した。

キム社長の就任から1ヵ月遅れで、ようやく新組織体制の陣容が固まった。わずか半年間での体制変更でまったく不安がないといえば嘘になるが、とにかく早く経営を安定させて危機を終息させなければならなかった（図8）。

図8 ▶ キム社長就任後の組織図

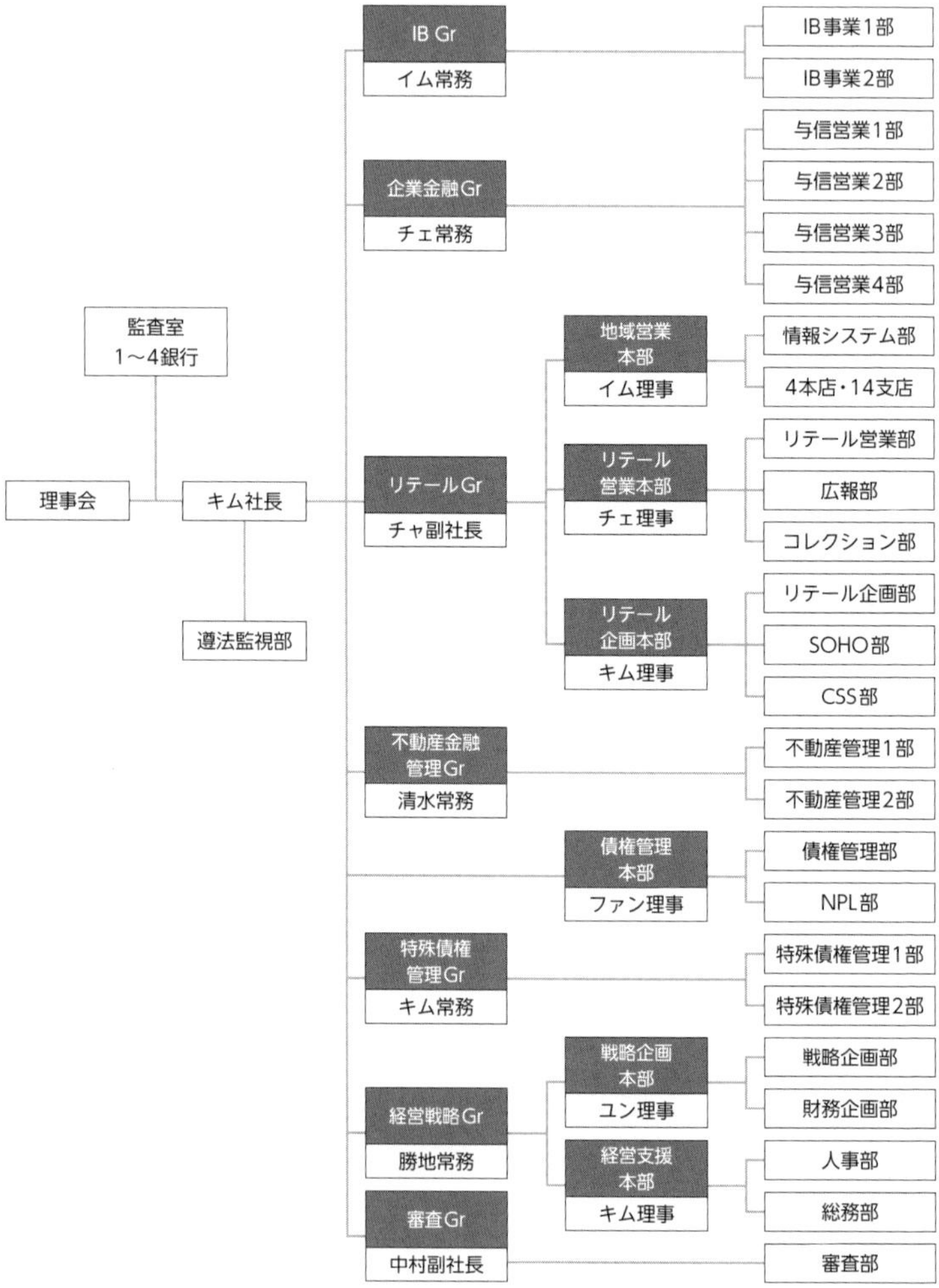
監査室
1～4銀行
理事会
キム社長
遵法監視部
IB Gr
イム常務
企業金融Gr
チェ常務
リテールGr
チャ副社長
不動産金融管理Gr
清水常務
特殊債権管理Gr
キム常務
経営戦略Gr
勝地常務
審査Gr
中村副社長
地域営業本部
イム理事
リテール営業本部
チェ理事
リテール企画本部
キム理事
債権管理本部
ファン理事
戦略企画本部
ユン理事
経営支援本部
キム理事
IB事業1部
IB事業2部
与信営業1部
与信営業2部
与信営業3部
与信営業4部
情報システム部
4本店・14支店
リテール営業部
広報部
コレクション部
リテール企画部
SOHO部
CSS部
不動産管理1部
不動産管理2部
債権管理部
NPL部
特殊債権管理1部
特殊債権管理2部
戦略企画部
財務企画部
人事部
総務部
審査部

広告宣伝の再開、四半期決算

日頃、街中やテレビで、貸金業者やクレジットカード会社による個人向け信用貸出のコマーシャルを頻繁に見かける。これらが個人の過剰債務をあおっているとの批判は多いが、これだけ盛んに広告が打たれるということは、それだけ効果があるのだろう。こういった個人向け信用貸出と美容整形の広告は、どこに行っても必ず目にする。

この貯蓄銀行は不良銀行化でこれだけ世間を騒がし、経営再建の足取りもおぼつかない身であり、広告宣伝をすることなど自粛すべきだと思っていた。ところがどうやらそうでもないらしい。長らく控えてきた活動を再開するため、専属の広告代理店を選ぶコンペが開催されるそうで、私も参加を要請された。

会場の大会議室に入って驚いたのは、内部参加者が異常に多いことだった。キム社長はもちろん、あまり関係のなさそうな韓国人幹部役員までが揃って参加している。最終選考には3社の代理店が参加していて、どこも熱のこもったプレゼンを展開していたが、同じくらい内部参加者が盛り上がっていた。私はこの様子を見て、みなこの世界にあこがれがあるのだろうと思っていた。

プレゼンが終わり質疑も出尽くしたところで、参加者全員による投票で1社の代理店を選定することになった。私は財閥系のL社が良いと思い、そこに一票入れた。試作した広告の内容が貯蓄銀行として分相応で、商品の訴求具合も適度に感じたからだ。そして開票後に圧倒的な支持を集めたのは、爽やかでクリーンなイメージを盛り込んだ外資系のM社だった。私の選んだ先ではなかったが、公平な投票で決まったことに満足していた。

ところがあとで聞いたら、勝地さんや清水さんも私と同じL社を選んだそうだ。どうも私たち以外の多くは、判を押したようにM社に投票したようだ。これは出来レースの可能性もありやと、思わず三人で顔を見合わせた。

聞くと貯蓄銀行の広告宣伝は比較的多額の契約になるそうで、様々な事前工作が行われるらしい。一種利権めいたものがあるようだ。なぜ全員がこれほど高い関心を示したのか、理由がわかったような気がした。今後、広告宣伝に関しては、よほど注意しておく必要がありそうだと感じた。

後日、選定したM社がさっそくテレビ広告の試写会を実施した。前回と同様、会場には多くの内部関係者が参加していた。いくつか流された映像は、政府広報かと見まがうほど清らかな内容だ。宣伝するのは個人向け信用貸出、俗にいう「サラ金」なので、違和感をぬぐい切れない。最後に名指しでコメントを求められ、うっかりこの本音をもらしてしまった。私の塩対応に、明らかに周囲は凍り付いていた。

そんな中、早くも9月末日を迎え、第1四半期（2013年7〜9月）が終了した。着任直後から多くの事件が起こったが、振り返ればあっという間に毎日が過ぎていった。ほどなく韓国会計基準の数字が固まったが、ひどい数字なのは言うまでもない。ここで示すのは第3、第4銀行を含む第1銀行連結と、第2銀行単体の数字だ。

■第1銀行連結　営業収益　848億ウォン　当期純利益　▲589億ウォン
■第2銀行単体　営業収益　298億ウォン　当期純利益　▲299億ウォン

第2銀行単体で営業収益（売上高に相当）以上に当期純利益のマイナスが計上されている。これは与信関連費用、すなわち貸倒引当金繰入や貸倒償却費が多額に計上されていることを示す。これは第1銀行連結も同様で、経営再建の開始後もこれらコストの垂れ流しが収束していないことがわかる。不良化に伴う出血は、止まるところを知らない。

損益同様に心配なのは、貸出残高が急減していることだ。第1四半期の貸出残高は次の通りである。

■第1銀行連結　貸出残高　2兆1511億ウォン（前四半期末比　▲1625億ウォン）
■第2銀行単体　貸出残高　1兆　1176億ウォン（前四半期末比　▲845億ウォン）

3ヵ月で合計2470億ウォンの減少となっている。このままだと年間では1兆ウォン減少するペースだ。貸出残高の減少は今後金利収入が減っていくことを意味し、ボディーブローのように業績に効いてくる。不良債権からの出血を止めることも大事だが、企業体力回復のためには貸出残高の減少に歯止めをかけ、すみやかにこれを増加基調に転じなければならない。

最後に自己資本金額（と同比率）についてだが、こちらは各銀行単体の数字を示す。

■第1銀行単体　自己資本金額　▲748億ウォン（同比率　▲3・6％）
■第2銀行単体　自己資本金額　▲1613億ウォン（同比率　▲18・8％）
■第3銀行単体　自己資本金額　446億ウォン（同比率　12・9％）
■第4銀行単体　自己資本金額　121億ウォン（同比率　3・7％）

8月末に実施した第2回資本注入2462億ウォンだが、ご覧の通りわずか1ヵ月で溶けてなくなり、第1、第2銀行は再びマイナス資本に陥った。第2回は2013年3月末現在の不足自己資本金額を補てんする増資なので、正しくは6ヵ月でなくなったわけだが、いずれにしても資本の毀損ペースが尋常ではない。

この頃にはキム社長も徐々にリーダーシップを発揮してきた。常務会は経営会議と名を変え、キム社長がイニシアティブを取るようになった。彼は全員参加型の実績報告形式を好むようで、参加者はどんどん増え、費やす時間もますます長くなる。ついには全員の都合と十分な時間を確保するため、会議を日曜日に開催しようと提案してきた。さすがにみな嫌がるのではとコメントしたら、あっさり取り下げてはくれた。

不安の種は、キム社長とチャ副社長の関係だった。表立って対立することはなかったが、チャ副社長にもプライドがある。落下傘でやってきたキム社長に指図され、頭越しに主管業務に介入されれば不愉快だろう。キム社長は度々リテールグループの幹部役職員を呼び出し、チャ副社長を飛び越えて指示を与えているようだった。

かく言う私も現場の状況はできるだけ把握したいと思い、様々な部門に首を突っ込んでいた。先日は月次の18ヵ店本支店長会議に出席した。会議は午後6時から、本社の大会議室で2時間半にわたって行われる。

チャ副社長が成績の芳しくない本支店長を絞り上げている。妥協を許さない厳しさがあるが、決定的に追い詰めているわけでもない。日本の銀行に居た頃の雰囲気を思い出す。参加する本支店長たちには申し訳ないが、引き締まった空気を感じてうれしくなる。

会議のあとはノーサイド。近所の料理屋に繰り出してサムギョプサル（豚の三枚肉の焼肉）と韓国焼酎で、互いの労をねぎらい合う。普段接点が少ない本支店長とは、この機会に親睦を深めることができた。

ワークショップ、審査部の体制

総務人事担当のキム理事が、全職員対象の「職位別ワークショップ」を提案してきた。要は社内研修だ。今回は社名も変えて新しいスタートを切ったので、経営理念やビジョンの教育を行うとのこと。そして毎回90分の枠を設けるので、私に経営理念その他について全回講義をして欲しいという。東京本社での勤務時は、国内外投資家とのＩＲミーティングを担当していたのでこの手の講義は問題ないが、今回は通訳を介してであるし、日本人の話など現地職員は関心がないだろうと思っていた。

このワークショップはソウルから車で1時間半ぐらいの外部研修所を借り、各回1泊2日で行われる。私のコマは初日の夕方に設けられていた。第1回は部長と本支店長が中心で、約40名が聴講した。

講義は三つのパートに分けていた。最初は「日本のグループについて」だ。設立からその成り立ち、事業構成、基本かつ重要な戦略について、大まかな説明を行った。次は「経営理念」。前述の通り、新しい経営理念は銀行再建において重要な役割を果たすと考えていたので、その浸透に努めた。全員に心底共感してもらいたいと思った。

最後は「Q&A」だ。Q&Aといっても質問は予め用意しておき、それに答える自問自答方式だった。一つひとつの内容までは触れないが、この場を利用して伝えたいことが二つあった。それは、「なぜ貯蓄銀行を救済したか」「最後まで貯蓄銀行を見捨てないか」という暗黙の問いかけに対する答えだ。

これらは社内で触れにくい話題だった。果たして日本の金融グループが、韓国の不良かつ規模も大きくない金融機関を本気で救済するのか。多額の資金投入をするのはなぜか。職員なら誰もが持ち得る疑問だ。センシティブな話題だが、2回の資本注入を終えた今、こちらから切り出せば説明を受け入れてくれるのではないかと思った。

救済した理由は、この貯蓄銀行は社会で重要な役割を担っており、決して破綻させてはならない存在なのだと説明した。一方で、再建には自信を持って臨んでおり、十分な投資リターンを見込んでいるとも述べた。見捨てないかとの問いには、これだけ資金や人材を投入した以上、途中で投げ出すことはあり得ないと説明した。日本からの派遣当事者が言うので間違いないと、太鼓判まで押しておいた。

このあと6回同じ話をしたが、講義後のアンケートでは毎回聴講者から非常に高い評価をもらうことができた。あまりに高いので、通訳が勝手に話を盛っていたのだろうと、勝地さんにからかわれたりもした。また、これまで直接職員と交流する機会は限られていたが、ワークショップを通じて彼らは勤勉で、優秀で、そして真剣であることがわかった。

　ところで、私は副社長であると同時に審査グループのトップでもあり、前述の通り、銀行再建には審査システムの強化が肝心だと考えていたので、このセクションの体制整備に心血を注いできた。与信審査委員会を頂点とする審査システムは、以前と比較できないほど厳格に運用され、銀行再建に乗り出してからおかしな与信判断は一切行われていない。

　ところがあるとき審査部長から、キム社長の指示で中途採用の審査役の選考を進めていると報告された。寝耳に水の話だったので、すぐにキム社長に真偽を尋ねに行った。

　彼は私の訪問を予期しておらず、質問をするとしどろもどろになったが、聞いていくうちに、現在専門職として在籍する4名の審査役を若い正社員に置き替えたいのだとわかった。専門職は審査のスピードが遅いというのが理由だった。

　専門職とはいわゆる再雇用組だ。メガバンクなどで審査経験のあるベテラン人材が再就職してきたのがこれら4名だ。私はずっと彼らの審査意見書を見てきたが、メガバンク出身だけあって、実に的確な与信判断をするといつも感心していた。

　実は私からの指示で、彼らには審査に十分な時間をかけ、納得いくまで吟味して欲しいと伝えていた。これが早く結論が欲しい営業部隊の不興を買っていることを承知した上で、最後は自らが収拾するつもりだった。おそらく目標達成のプレッシャーにさらされた営業の担当役員が注進したのだろう。キム社長には審査の実情を説明し、このまま専門職の審査役を中心に据えることを進言し、最後は了解してくれた。

この頃は審査もだいぶ円滑になったとはいえ、案件を否決することは頻繁だった。再建開始以降、新規の不良債権発生を一切認めないとは、私の固い決意でもあった。ところが貯蓄銀行はサブプライムだから、持ち込まれる案件はメガバンクで取り上げられなかったものが多い。一方で、こちらもメガバンク以上の審査を行っていると自負するので、否決が増えるのは当たり前だった。従って、営業部隊も大変だったはずだ。

審査システム徹底強化の背景には、厳しすぎる現実が影響していた。2013年9月末の貸出全体の延滞率が、何と51・6%にも達したことだ(図9)。貸出の半分以上が延滞になっているという。銀行でこれだけの延滞率に陥ったら、普通は即破綻だ。今後これを正常値に戻すことはもう不可能だと思った。

図9 ▶ 延滞債権残高・延滞率推移

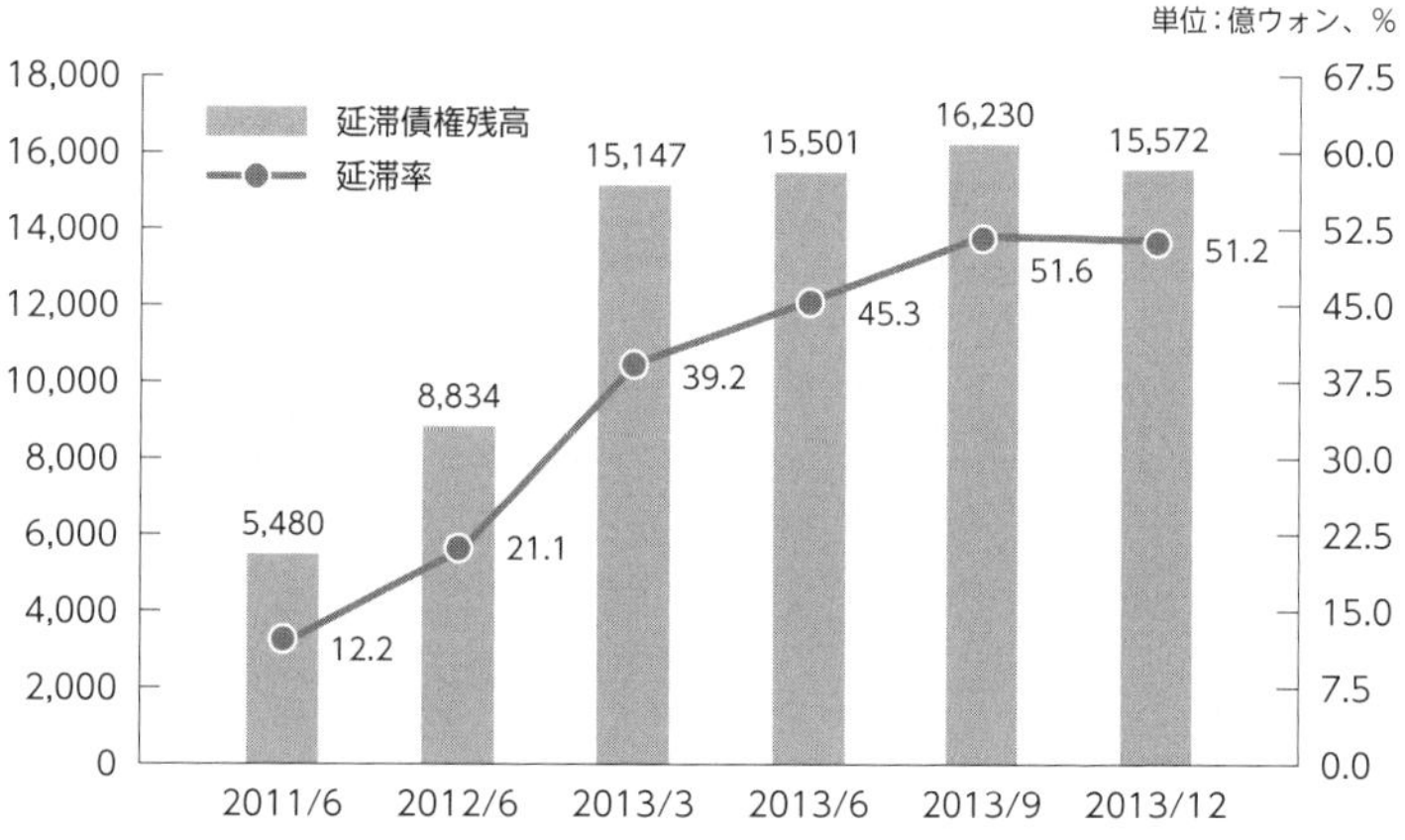

ＩＢの快進撃と法人貸出の復活

貸出残高が低下していくのにただ手をこまねいていたわけではない。特に活躍したのはイム常務が担当するＩＢグループだ。ＩＢ、すなわちインベストメントバンキング（投資銀行業務）は名称がやや誇大だが、要は事業会社が発行するＣＢ（Convertible Bond 転換社債）やＷＢ（Warrant Bond ワラント債）といったエクイティリンク債を主に取り扱い、一部株式や私募ファンドへの出資も行う部門だ。

韓国では新興上場企業を中心に、盛んにＢＷが発行されていた。ＢＷとはＷＢと同じで、なぜか韓国では逆さまに呼ばれていた。イム常務はこのＢＷに目を付け、個別貸出先の与信限度額ギリギリの１００億ウォンまで、比較的大口案件を取り扱って実績を伸ばした。

ＩＢについては懐疑的な見方もできる。貯蓄銀行は投資銀行ではなく商業銀行で、その資金源はローリスク運用を前提とする顧客預金だ。通常その運用は、元本割れの可能性はほどほどに抑えるのが望ましい。ＩＢグループの運用対象は多くがエクイティ絡みで、ほぼハイリスクに分類される。間接金融のセオリーからいえば、調達と運用の間でリスク・リターンの属性が異なるのは少々問題がある。

しかしながら、これは一種の賭けだった。不良銀行で一般貸出の拡大が困難な状況で、伝統的なスタイルにこだわれば座して死を待つのみだ。どうせならＩＢという異質な分野で、勝負をかけてみようと思った。ただし平常時に戻れば、ポートフォリオの多くをここに配分するのは問題だ。ＩＢはオルタナティブ運用として、一部に留めるのが正しい考えだろう。この成功事例を見て、いくつかの貯蓄銀行がＩＢ部門の創設に追随したが、その特性をきちんと理解した上での経営判断なのか、なかには怪しい先もあったと思う。

法人貸出強化のため新たに採用したチェ常務は、有能な部下３名とともに移籍してきた。担当する企業金融グループには銀行数に合わせて四つの営業部があり、そのうちの三つに彼らを部長として任命した。当初からチェ常務と３名の部長は精力的に活動した。前職からの顧客を中心に新しいソースも開拓し、案件を次々と与信審査委員会に上げてきた。

企業金融グループの当年度目標は、貸出実行金額で４５００億ウォンだった。すでに年度の三分の一が経過し、ここまでの実績は芳しくない。これから目標を達成するには毎週１００億ウォンを実行しても追いつかない。もはや達成不可能といえる数字だ。

しかし、新しい企業金融グループにはすさまじい勢いがあった。翌年決算期末に締めた数字は目標を見事クリアしていた。これは本当に驚嘆すべきことだった。

良いことばかりではない。10月末に貸出先のＫＮ企業がワークアウト申請すると報告された。ワークアウトとは日本の事業再生ＡＤＲに相当するだろう。法的整理ではないが、債権カットや金利減免が行われ、銀行から見て事故債権になるということだ。この貸出は、再建開始以降に正常先から不良化した初のケースだった。期中の与信管理をしっかりやっていても、このような突然死を避けることは難しいのだが、ショックは大きかった。

一つ気になる貸出形態があった。貸金業者向けの貸出だ。貯蓄銀行にとって個人向け信用貸出はリテール主力商品で、同じ商品を扱う貸金業者は競合相手になる。企業金融グループはこの貸金業者向けのバックファイナンスを、度々与信審査委員会に申請してきた。

競合相手に金を貸すのかという議論の他に、このファイナンスは個人向け信用貸出の迂回融資と言えなくもない。個人の過剰債務が問題になりつつある当地で、推進して良いものか判断に迷うところだった。

結論としてこれはそのまま推進した。まず競合相手への支援という点は、当方がやらなくても案件に飢える他行が肩代わりするだけで、競合相手の競争力はあまり変わらないと思われた。次にこのファイナンスは金融当局の指導がすでにあり、自己資本金額に応じた限度額の目線が定められていた。その目線を認識した上での貸出となるので、やみくもに個人の過剰債務を助長するものではないと整理した。

なお、個人向け信用貸出とは平たく言えばサラ金だ。これを貯蓄銀行で手掛けることが適切かどうか、果たして意見が分かれるだろう。私は金利の高い個人向け信用貸出は必要悪だと考えているが、この問題はあとで触れる。

不振が続くリテール

新経営体制の発足から2ヵ月が経った頃、チャ副社長がキム社長に対する苦情を訴えてきた。頭越しにリテールグループ幹部に指示を出す他、頻繁に無駄な作業を押し付けてくるそうだ。相性の問題もありそうで、双方とも相手方を良く思わない様子が見て取れる。

そこでキム社長に、経営会議とは別にチャ副社長を含むリテールグループの幹部と、上手くコミュニケーションを取る場を設けましょうと提案してみた。すると彼も同じことを考えていたといい、このリテール事業会議は毎週初めに定期開催されることになった。

この間にもリテールは大いに苦戦していた。当事業全体の貸出残高は、2013年6月末の1兆1122億ウォンから、3ヵ月後の9月末には9977億ウォンとなり、1兆ウォンを割り込むまでに減少していた。10月以降は貸出残高が増勢に転じた法人貸出と比べ、リテールの不振が今や最大の悩みの種になっていた。この原因は不良化の混乱でまともな営業がストップしたことや、広告宣伝の中止、企業イメージのダウンなどが挙げられるが、リテールグループ内部がいつまでも一枚岩にならないことの影響もあっただろう。

キム社長とは、私自身も意見を異にする出来事があった。人事制度改革に関して、彼は

「核心人材」制度の導入を提案してきた。核心人材とは文字通り、会社の核心となり得る人材を抜てきし、ポストや待遇面を優遇していく制度だ。これは優秀な人材を引き留めるには有効だ。しかし、再建途上の会社に果たして相応しい制度か、疑問に感じた。

ここ数年、役職員はリストラ、給与カット、業務負担増に苦しんでいる。昇給昇格も見送っていた。その中で一部の役職員のモチベーションを高めても、大多数のそれを一層下げてしまう結果になりかねない。さらに、これは派閥の形成を助長しうる。選ばれた連中はグループを形成し、選ばれなかった役職員たちと反目し合うだろう。

これは韓国で働き始めて感じたことだが、韓国人は敵と味方をはっきりと区別する傾向がある。味方と思った人物は徹底的に擁護し、優遇し、つるんで行動する。一方で、敵と見なした人物とは目も合わせなければ口もきかず、ときに個人攻撃をする。職場で争いごとが起きれば生産性が低下しそうだが、当地では、至る所で激しい人間模様が展開する。

結局、私はこの核心人材制度には反対し、通常の人事制度、すなわち全体の昇給昇格を再開することを優先すべきと説いた。それでこの提案はこれ以上議論されず、凍結されていた通常の人事制度の再開をまずは検討することになった。他にもキム社長は彼の右腕となり得る社長室長の採用を提案してきたが、これも実現はしなかった。

思うに核心人材制度も社長室長も、キム社長は自身のシンパが欲しかったのではないか。残念ながら彼は長年在籍する役職員の支持を得られず、むしろ反発を招いていた。

ソウルでの生活

ここでソウルでの生活について触れておく。私と清水さんは単身赴任で、オフィスが所在するカンナム区内の同じサービスアパートに住んでいた。勝地さんは家族帯同で、日本人が多いイチョンドン（二村洞）の高層アパートに住んでいる。子どもたちが通う日本人学校のバス停がこの場所にしかなく、家族連れの駐在員の多くがここに住んでいた。蓮池君は独身で、オフィス近くのアパートに住んでいる。

食事は初めこそ激辛ローカルフードに苦戦したが、慣れれば病みつきになった。ランチはほぼオフィス近くの定食屋で、テンジャンチゲ（味噌鍋）などを注文した。韓国では一人ランチというのは習慣としてなく、職場仲間と連れ立って外食する。それが大事なコミュニケーションタイムになっていて、部長から平社員まで一緒に行動する。

私たちも同様に、スタッフとランチに行くべきだったかもしれないが、ほぼ日本人だけで済ませた。食事の時間ぐらいは日本語だけで済ましたく、さらに、中立の立場であるべきだと考えた。特定のグループとつるみ、派閥をつくるきっかけになってはと自重した。

現地の食堂で記憶に残ることがある。週末の土曜日に休日出勤し、ランチは本社裏手の馴染みの食堂に入った。店員たちは私が日本人であると知っており、一人ランチも問題ない。店内の客は私だけで、店員たちは客席でテレビニュースを見ていた。スンドゥブチゲ（豆腐鍋）をすすっていたところ、テレビ画面に日章旗と靖国神社の境内が映し出された。一昨日の日本の現職首相による公式参拝に対し、韓国世論が反発しているとの報道だ。

嫌な予感がした。背中越しに店員たちの視線が集まってくる気配を感じた。さっさと食事を済ませて逃れようと慌てていると、店の女将さんが目の前に立つ。うーん何か面倒くさいことになりそうだなと呟いたとき、彼女が言った。「ごはん、おかわりどう？」

日本人に反感を持つ韓国人が多いのは事実だが、みなが常にそうであるわけではない。一方で、根深い反日感情を思い知らされた事件もあった。ある週末、派遣された日本人四人でサッカー日韓戦を見に行った。試合開始が近づくと右前方スタンドに、客席上段から下段にわたる巨大バナー上の2枚の人物像が登場した。1枚目は伊藤博文を暗殺した民族主義者の安重根、もう1枚は豊臣秀吉の朝鮮出兵を迎え撃った李舜臣将軍だった。続いて今度はスタンド中段に、40〜50メートルもの長い横断幕が広がった。蓮池君が遠慮がちに、「歴史を忘れた民族に未来はない」と翻訳してくれた。

しばらく大人しく観戦していた私たちだが、同点で折り返した後半は、ずいぶんとのめり込んでいた。そして最後に日本代表が決勝ゴールをあげて勝利を決めた瞬間、私たち四人だけが両手を突き上げ立ち上がっていた。周囲の視線の冷たさを感じた。

NPLへの傾注、広告戦略

キム社長が最も意欲的に取り組んだのが、NPL事業の推進だった。社長直轄の債権管理本部を新設し、第3銀行の監査室長だったファン・チョルジョを本部長に据え、そこでNPLの積極的な拡大を目指していた。NPLは自行で発生した不良債権を一つのプールに束ね、入札方式で外部投資家に売却するものだ。一方で、メガバンクなどが放出する不良債権プールを、逆にこちらが入札に参加して買い入れる場合もある。

このプールには多数の不良債権が含まれ、それぞれ不動産担保などが紐づいている。入札参加者は、幹事となる大手監査法人作成の債権情報パッケージをもとにプール全体の価値を算出し、一定の利回りを割り引いて入札価格を決める。キム社長はこのNPL買い入れを有望な収益チャンスと見て、積極的に推進しようとしていた。

一つのプールの合計金額はまちまちだが、およそ300～800億ウォンの範囲で、中には1000億ウォン以上になることもある。他の参加者より高価格を提示して落札したら、数年かけて債権回収を進める。上手く行けば想定以上の利回りを得るが、失敗すれば貸倒引当金繰入等の計上を強いられ、大きな損失が発生することもある。

この入札価格はリスク管理委員会で決定されるのだが、前日に評価レポートを渡されるのだが、債権数が多すぎてこれが正しいのかよくわからなかった。あるとき、入札価格の事前相談にきたファン理事へ、厳しめのコメントを返した。すると彼は、これでは落札は困難で、残高目標を達成できないと泣き付いてきた。しかし、ハイリスク運用でボリュームを追うことは危険だ。あくまでリスクとリターンのバランスを勘案して入札価格を設定する話で、入札できるかできないかで判断してはいけない。ファン理事にはこう説明して諭した。

先日にコンペを実施した広告宣伝についてては、個人向け信用貸出のテレビ広告が開始されていた。テレビ広告のコストは高額だが、金融商品の拡販に効果を持つことは過去実績との対比で理解していた。広告中断の時期と貸出実行金額減少の時期は、一定の相関関係を示していた。これは継続的にやらないといけないのだろう。

また、当地の企業広告活動の一つとして、女子プロゴルファーとのスポンサー契約が盛んに行われていた。この貯蓄銀行では不良化後も1名だけ契約を維持していた。その契約も11月末に期限が到来するが、継続にあたり、従来の倍近い報酬額を吹っかけてきた。

職員の給与の正常化が果たせていないうちに、この報酬だけ増やすのは抵抗があった。しかし、韓国人役員のほとんどが強く望んでいたので、交渉で著しく妥協しないことを条件に、継続を指示した。結果的に彼女は翌シーズン大活躍し、国内賞金ランキング2位の成績を収めた。支払った報酬の何倍にも相当する宣伝効果があっただろう。

第3回資本注入、人事制度の正常化

金融当局と約束した第3回資本注入の時期が近づいてきた。9月末時点で再び自己資本が毀損したことは前述の通りだが、今回もこれを埋め合わせるために行われる。金額は1820億ウォンだ。前2回に比べて減額したとはいえ、相変わらず負担は大きい。注入した資本は合計6657億ウォン（各時点の為替レート換算で595億円）に達した。

ずっと親会社におんぶに抱っこではいけないと、現地マーケットで独自資金調達を検討してきた。独自にといっても、この貯蓄銀行にそれだけの信用力はないので、親会社保証はもらうことになる。もしこれが実現すれば、日本からの一方的な資金流出の懸念をかわし、さらには信用力が回復していることを上手く外部にアピールできる。コストは日本で資金調達した方がはるかに安いのだが、それでもこれを成功させる意義があった。

さっそく機関投資家数社にアプローチしたが、経営再建下の貯蓄銀行にクレジットをつけた前例がなく、遅々として進まない。資金運用会社5社を集めてファンドレイズの提案も行わせたが、どこも腰が引けた提案だった。ことここに至り、第3回資本注入での独自資金調達は断念し、今回も親のすねをかじることにした。しかし、2014年3月の第4

回においては必ずこれに道筋をつけなければならない。

親会社保証を付ける場合、東京本社自体が韓国の信用格付を取得した方が良いとアドバイスを受けた。そこで格付機関のコリアインベスターズサービス（ＫＩＳ）に依頼したが、審査の終盤には東京本社で財務担当者とのインタビューが設定され、私もＫＩＳのアテンドで日本に出張した。

インタビューには緊張して臨んだのだが、ＫＩＳの担当者は午前中に3時間ほどの質疑応答を終えるとさっさと切り上げて、おそらく東京観光に出かけてしまった。これで本当に格付を出してくれるのか心配したが、ほどなくAマイナスの格付が公表された。

あとで聞いた話だが、ＫＩＳも審査をまともに実施する気はなかったようだ。日本の格付機関の格付に準拠すれば良いと考えていたらしい。事前に日本の格付と韓国のそれとの平均的な差異は、2ノッチだと知らされていた。確かに東京本社の格付けに2ノッチ加えれば、Aマイナスになる。なお、日本滞在中に昔の伝手を頼り、欧米系証券2社にも資金調達の相談をした。そのうちD証券が積極的で、継続して検討してもらうことになった。

貯蓄銀行の不良化以降、凍結していた各種人事制度の正常化は少しずつだが進捗させていた。今回その一環として、停止していた新卒採用を再開した。経営改善命令を受けた貯蓄銀行に就職希望する学生が果たしているのかと心配に思ったが、ふたを開けてみると相当数の応募があったそうだ。韓国の就職難はひどいと聞いていたが、本当にそのようだ。

まず本支店に配属するテラーを、ゆうに20倍は超える倍率から27名採用した。どうやら男性の応募も70名ぐらいあったようだが、採用したのは全員女性で、若くは高等学校卒業見込みの子たちだ。12月初めから内定者に対して数日間の集合研修を始めていて、例によって私は人事部から1時間ほどの講義を要請されていた。講義中は疲れてうつらうつらしている子もいたが、みな元気そうな子たちのようで、見ていて自然とうれしくなった。

1ヵ月後、今度は総合職の内定者15名の集合研修で講義を行った。彼らは研修後すぐに働き始め、3ヵ月は本支店に配属されて銀行業務の基礎を叩き込まれるそうだ。総合職は男性中心だが、年齢は30歳近い者も含まれる。就職難で遅れたこともあるが、兵役も関係しているだろう。

韓国の芸能人やアスリートの兵役について、日本でもよく話題になる。いまだ休戦状態にある北朝鮮との関係がある以上、この制度は引き続き維持が必要なのかもしれないが、早くこの国に兵役が不要になる時代がくれば良いと思った。

人事制度の正常化の一つ、昇格の再開を人事委員会で決定した。昇格は不良化のため長らく凍結され、職員のモチベーションを下げていた。人事委員会はキム社長を委員長とし、主要幹部役員がその委員となる。各部署から提出された人事評価をもとに、委員の合議により昇格を公正に決定する。今回は凍結期間が長いため、対象者は多かった。次長に6名、課長に11名、課長代理に9名、主任には2名が昇格した。

部長候補の昇格は全員見送られた。リストラで幹部人材が手薄になり、部長職の補充はできれば実施したいところだった。しかし、候補者はいずれも昇格要件である一定の次長就任期間に足りなかった。課長に昇格した者の中には、私が主管する審査グループの課長代理1名も含まれていた。彼は非常に優秀で人望も厚かったので、当然の結果だった。

2013年も年末を迎えようとしていた。韓国は中国と同じく、例年1月下旬から2月上旬あたりの旧正月が年末年始休みとなる。そのため暦年での祝日は1月1日のみだ。12月末日もあまり仕事納めのような感じにはならない。それでも上半期の最終日であり、ほっとした気持ちにはなる。

ところが決算数値への影響が大きいため、債権管理本部のファン理事に1ヵ月前からフォローするよう指示していた担保不動産の売却代金が、期限の年末までに入ってこなかった。これを聞いて非常に不愉快になった。

この件で気が立っていたため、この年最後の経営会議の場で、私は損益についてもっと敏感になれと激しい口調で不満を訴えた。実際はほとんどの役職員が献身的に頑張ってくれていた。いろいろ綱渡りもあったが、全員ができ得ることを最大限行い、この貯蓄銀行は少しずつだが前に進んでいた。

本当は感謝の気持ちを伝え、みなを穏やかにねぎらうべきだった。独り反省しつつ、短い年始休みを日本で過ごすため、はやる気持ちで金浦空港に向かった。

第3章

再起

2014年1月～12月

333キャンペーン

2014年が明けて、最初の目玉施策はリテールのテコ入れ、特に個人向け信用貸出バビルローンを活性化させることだった。キム社長とリテールグループの事業会議の中で生まれてきたのが、「333キャンペーン」だ。これは、「毎月新規顧客先着3万名に、3000万ウォンまで、30日間の無利子サービス」の提供を行うものである。

これで6月末までの下半期6ヵ月間に、合計で1兆4970億ウォンのバビルローンを実行しようという、かなり意欲的なキャンペーンだ。上半期の実績が合計2221億ウォンなので、その7倍近くもの目標設定となる。リテールグループが打ち出した初めての積極策で、あらゆる広告媒体をフル活用する予定だ。

年初のキャンペーン開始から5営業日を過ぎたところで、スタートが好調ではないと聞こえてきた。しかし、広告宣伝が浸透していけば実績も上がるだろうと、私は気に留めていなかった。ところが、オフラインの貸出募集代理人へ支払う手数料率を、貸出金額の3・5%から2・5%に引き下げたとの報告を受けた。そんなことをしたら実績はさらに落ち込んでしまう。元に戻した方が良いというと、キム社長の指示だとのこと。

バビルローンの流入ソースは、オンラインとオフラインに分かれている。オンラインとは、専用のWebサイトを通じて借入申込みがあるものだ。一方でオフラインとは、貸出募集代理人というマーケティング業者が電話勧誘などで獲得してくるものだ。

オフラインは貸出募集代理人に手数料の支払いが発生し、さらに実行後の延滞率は少しだけ高くなる傾向があった。それでも一定の実績を確保するには重要な流入ソースとなっていて、月次で変動はするが、オンラインとオフラインの実行金額はほぼ拮抗していた。貸出募集代理人へ支払う手数料を引き下げればそのモチベーションは下がるので、当然実績も落ちる。なぜキム社長がこんな指示を出したのか見当がつかなかった。

キャンペーンのテコ入れのため、予算を増額して広告を打つことになった。しかし、あまり効果を発揮することはなく、バビルローンの実績は低迷を続けた。ただし、これには外部要因も作用していた。1月半ば頃、複数の金融機関で貸出募集代理人に個人情報が不正流出した事件が発生した。これにより当局指導で1月下旬から、オフラインでの勧誘行為が一時禁止となった。この時点でキャンペーンの達成見込みは完全に消え失せた。

最終的にバビルローンの実績は、1月の347億ウォンをピークに低下を続け、各月ともキャンペーン直前の前年12月実績377億ウォンすら上回ることができなかった。そしてキャンペーンは予定期間半分の3月末をもって前倒し終了となった。当然ながら、この結果は不本意であり、残念なことだった。

本支店活性化

この貯蓄銀行には四つの銀行を合わせ、18の本支店が開設されていた。ソウル市内に11本支店、首都圏の京畿道に3本支店、地方のテグ（大邱）広域市、忠清北道、慶尚北道、全羅北道にそれぞれ一つずつ本支店が配置されている（図10、11）。

貯蓄銀行に関する法令上、全国を六つの営業区域に分割し、基本一つの貯蓄銀行は一つの営業区域でしか本支店を開設できない。ところがこの貯蓄銀行は四つの銀行が併存することと、過去の様々な経緯があって、異例だが五つの営業区域で開設が可能だった。

唯一開設できない地域は韓国第2位の経済圏であるプサン（釜山）広域市、ウルサン（蔚山）広域市、そして慶尚南道を含む地域だった。もしこの地域で本支店開設が認められれば、完全に全国展開が可能となる。そのためこれを目指して金融当局と折衝を展開することになるが、それは少しあとの話となる。いずれにしてもこれだけの地域に店舗展開をしている貯蓄銀行は、他に数行あるだけだった。

一般に銀行における本支店は、営業活動の最前線だ。日本の銀行では本支店が一つの独立した営業機能を持ち、フルラインの金融サービスを提供するプロフィットセンターにな

図10 ▶ ソウル特別市（11本支店）

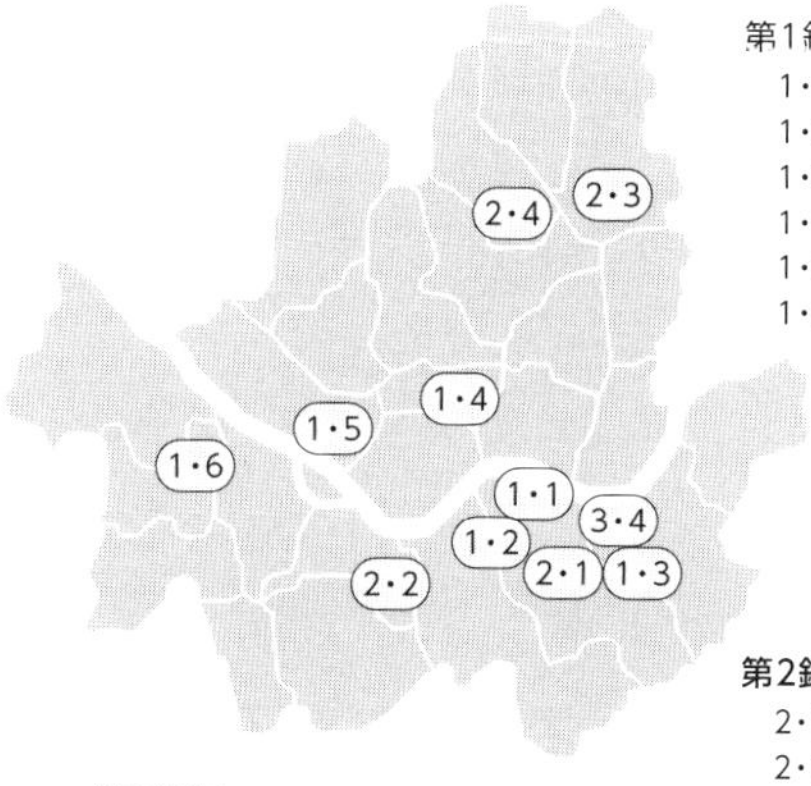

第1銀行
1・1　清潭（チョンダム）本店
1・2　江南（カンナム）支店
1・3　オリンピック支店
1・4　明洞（ミョンドン）支店
1・5　麻浦（マポ）支店
1・6　木洞（モクドン）支店

第2銀行
2・1　三成（サムソン）本店
2・2　梨水（イス）支店
2・3　盧原（ノウォン）支店
2・4　弥阿（ミア）支店

第3銀行
3・4　蚕室（チャムシル）支店

図11 ▶ 地方7本支店

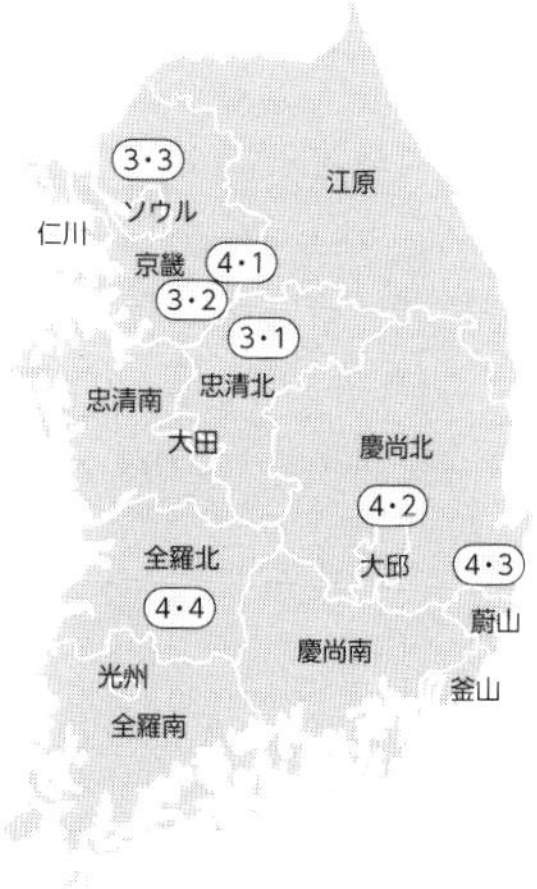

第3銀行
3・1　鎮川（チンチョン）本店
3・2　盆唐（ブンダン）支店
3・3　一山（イルサン）支店

第4銀行
4・1　藪内（スネ）本店
4・2　大邱（テグ）支店
4・3　浦項（ポハン）支店
4・4　全州（チョンジュ）支店

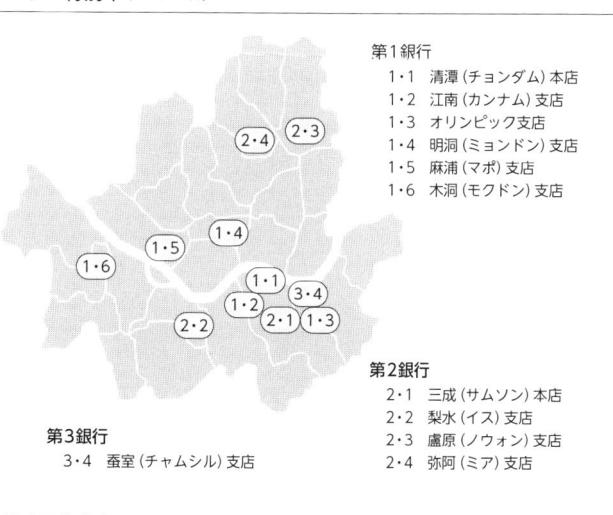

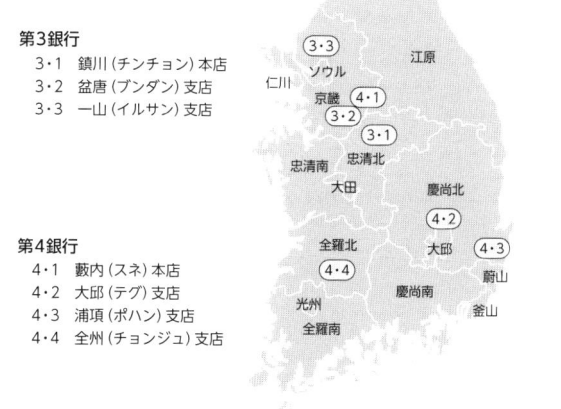

る一方で、本社はサポート機能に徹するコストセンターの位置付けだ。ところがこの貯蓄銀行における本支店の役割は、これに比べてはるかに小さい。ほぼ預金の受け入れだけでしか機能していなかった。

確かに店舗ネットワークの多さが銀行の強みの源泉だった時代は過去のものだ。しかし、特に庶民金融機関には、リアルの店舗ネットワークも有効に機能すると考えていた。

本支店活性化については、リテールグループ内の地域事業本部が担当していた。同本部は活性化策の素案を作成し、従来の預金受入機能を強化する一方、本支店での貸出の取り扱い、バンカシュランスといわれる保険の窓口販売の拡大、デビットカード発行の推進を掲げてきた。さらに店舗内レイアウトの見直しや更新、本支店の移転を伴う配置の抜本的見直し、本支店長に優秀な人材を投入して権限を持たせるプランも提案してきた。

地域事業本部はすぐに具体的な行動を開始した。第一弾として、一山(イルサン)支店の地域内移転を実施した。イルサンはソウルのベッドタウンの位置付けとなる都市だ。ここの既存店舗をさらに集客が望める繁華街のビル内に移転させた。

このあとこの活性化策は、本支店での貸出の取り扱いを中心に着実に進行していった。保険の窓口販売のバンカシュランスも、報奨金制度を拡充して目標管理を徹底した。これらは当初、本支店の業務負荷を著しく増やしたが、実績はあまり伸長しなかった。しかし、粘り強く継続していくことが大事だと思った。

副社長の辞任

年初からキム社長に対し、勝地さんと清水さんも一緒に債権管理部門の組織改正を提案してきた。不良債権処理は最重要課題の一つだ。ただ不良債権を切り捨てるだけでは損失が拡大し、グループ連結損益にマイナスの影響を与える上、今後の資本注入金額の増大につながる。時間をかけてでも丁寧に、ロスを最小限にする粘り強い対応が必要だった。

この部門は特殊債権管理グループのキム常務が主管していたが、この目的を達するために彼の守備範囲を拡大し、社長直轄の債権管理本部で失態続きのファン理事をフォローさせるため、これら組織の再統合を考えていた。

一方で、キム社長は逆に不良債権売却を専門とする部署を拡大し、その早期処理を進めたい考えだった。保有する不良債権を広くまとめて市場売却する考えで、従来は不良化した個人向け信用貸出のみバルクで売却してきたが、これを一般貸出にも拡大し、合わせてファン理事に担当させたいようだった。キム社長とはこの件で何度かミーティングの場を設けたが、お互い主張を譲らず、議論は平行線をたどった。

2014年は1月30日からが旧正月休みだった。この間は日本に戻り、東京本社で現状報告を行った。専らの重要事項は3月末までの第4回資本注入に関し、いかに東京本社の理解を得るかであった。勝地さんはこれに必要な事業計画のアップデートのため、休み返上で会社に詰めているし、現地スタッフも否応なく帰省先から呼び戻され、必死にこれに取り組んでいた。

ソウルに戻ってからは、とにかく通常業務に集中することに努めた。幸い東京本社の取締役会で次の資本注入は無事に理解が得られたと連絡を受けた。毎回綱渡りだが、多大な支援に頭が下がる思いだった。

再建に関与し始めて、丸1年が経過していた。前年の9月からキム社長を招聘し、そのリーダーシップの下で体制整備を進め、強力に経営再建を進める手筈だった。しかし、ここまで日韓再建チームが上手く噛み合っていないことは自覚していた。

本来、現地企業は現地役職員を信頼して任せることが肝要で、外国人がしゃしゃり出たところで上手くいくはずがない。しかし、絶対に失敗が許されないプロジェクトでは、どうしても口出しせざるを得ないこともある。

たとえ互いにぶつかることがあっても、粘り強く話し合いを続けていけば必ず折り合えるはずだとの思いから、極力冷静に、かつ尊敬の念を持って相手に接することを、私たちは意識的に心掛けてきた。

しかし、キム社長は明らかに私たちに対して不信感を持っていた。そしてそれを心の中に留めず、東京本社に対して訴えていたようだ。意見の相違はあったものの、私たちは何度も話し合いの場を設けてきただけに、彼のこのスタンスはとても残念に思えた。

韓国に来る前の香港で、このような経験をしたことはなかった。現地人とぶつかる機会はあったが、そこには一定の相手に対する配慮や信頼がある前提で、正面から向き合うことができた。しかし、ここ韓国においては、自分が無意識に当たり前だと思うメンタリティのままで働くことの危うさを感じた。日本人が持つのとは異質な精神作用があるのだと、認識の甘さを大いに反省した。

こんな状況下、とうとうチャ副社長が辞意を表明した。彼はキム社長と何かにつけて対立し、私は何とか両者をまとめていこうと努力はしてきた。しかし、ある程度は予測していたが、もはや完全に観念してしまったのだろう。

前述したように、チャ副社長は前のオーナー兼会長の右腕としてこの貯蓄銀行の成長に寄与したが、当時の無謀な規模拡大策に異を唱え、やむなく会社を辞していた。その後、古巣の苦境に際して火中の栗を拾うつもりで復帰してくれたと思うが、これが完全に裏目に出てしまった。再び会社を離れる結果になったことをとても申し訳なく感じた。

チャ副社長は私に、共同代表を降りた前年9月に身を引くべきだったと話した。これは想像以上に不名誉なことであったようだ。業務を継続する上でも困難が伴ったとのこと。苦労をともにした同志が去るのをただ見届けるのは、実に不甲斐ない思いだった。

独自資金調達

気の滅入る出来事が続いていたが、さらに前年から検討してきた独自資金調達は、ずっと私の頭痛の種だった。3月末に予定する第4回資本注入のための原資として、これは待ったなしの状況だ。

調達方法は二転三転したが、前年末に東京本社が韓国で格付を取得したことで、特別目的会社を設立し、親会社保証付きで社債発行する案が有力になった。そして以前から懇意にする教保生命保険が力を貸してくれることになり、実現可能性が高まっていた。

教保生命保険は韓国を代表する大手生保の一つだ。2007年に東京本社は短期間だが同社株式を保有したことがあり、それ以来、親密な関係を維持してきた。韓国の社債市場は前年にいくつかデフォルトが発生し、あまり良い地合いではなかった。それでも教保生命保険がアンカーインベスターとなり、傘下の教保証券が引き受けて機関投資家に販売してくれれば、不良銀行でも社債を発行できるかもしれない。

もう一つ、先日東京で面談したD証券から、期間3年のワラント債で300億円のファイナンスを検討するとのオファーが届いた。ワラント債では株主持分の一部を外部保有される可能性があるが、基本D証券が持ち切りで保有するとのことだ。ワラントという投資家に利益のアップサイドが取れるうまみがあるので、金利も比較的低く抑えられる。

教保証券の方からは、さらに大手生保をアンカーインベスターに加えて、1500億ウォンを1年半の期間で、年利7%程度で市場タッピングしたいと提案があった。本音を言えば、金額も期間も利率も希望条件を満たしていなかった。特に利率はあり得ないほど高金利であった。しかし、今は背に腹は代えられない。「お願いします」と頭を下げつつ、D証券の提案が並行して上手く進むことを願った。

第4回資本注入では、これまでで最大の300億円相当の増資を予定していた。さらに4月以降で、240億円相当の増資も必要と見込まれていた。独自資金調達を試みる一方で、一部は引き続き親会社からの支援が必要となる。

2月初めの東京本社取締役会でこの件が議論されることになり、再び多額の資本注入を正当化するため、改めて事業計画の練り直しを行っていた。それで勝地さんがフル稼働で現場を指揮し、現地スタッフも旧正月休み返上で作業を続けていることは先に触れた。

こうしてでき上がった修正事業計画は、資本注入金額の累積につれ、以前よりも相当アグレッシブなものに変貌していた。幸いにしてこの資本注入に関し、東京本社の取締役会で無事に理解を得ることができた。ところが2月の最終週になり、D証券の雲行きがにわかに怪しくなってきた。

当初、D証券は2月末にファイナンスを正式決定する予定だった。このスケジュールだとそろそろ内諾が出てこないとおかしい。そして心配していた通り、D証券は決定が3月第2週にずれ込むと連絡をしてきた。

その3月第2週になってD証券から回答がきたものの、ファイナンスは100億円まで減額するとのこと。しかも当初はD証券がワラント債を持ち切るはずだったが、発行後すぐに転売するそうだ。話が違うと文句を言いたくなったが、100億円の資金調達でもありがたいと思うべきかと、心を静めて考え直した。

しかしこの翌週、D証券はすべてを取り下げてきた。その日はこの資金調達を見込み、東京本社の取締役会で4200億ウォンの資本注入が決議された日だった。突然のD証券のドロップで、資本注入金額は3400億ウォンに引き下げざるを得ない。

進行中の経営改善計画において、直近の2013年12月末時点の資本不足を埋めるには何とか最低限をクリアできる金額水準だったので、同計画の不履行だけは回避できたが、4月以降に必要な資本注入金額がその分だけ増える。結局は取締役会決議日の翌日、本件に関する開示は予定通り実施され、3月末の3400億ウォンの資本注入が確定した。

私はその週末、ソウルマラソンを走る予定だった。直前まで出走を取りやめようかと悩んだが、意地もあって一人でヨロヨロになりながら、何とかゴールまでたどり着いた。その姿は、まさに当時の私を象徴していた。

のれん減損テスト

貯蓄銀行がグループ連結に組み入れられてから、1年が経とうとしていた。IFRSでは連結で発生したのれんを定期分割償却する必要はないが、決算ごとに減損テストを行い、のれんの計上金額が適正かチェックを受ける。仮に事業計画が大幅に未達だったり想定外の損失が発生したりすると、ここで巨額なのれんの減損を迫られることになる。

M&Aを積極的に進めたい日本企業は、これまでのれんの償却負担に苦しんできたが、IFRS導入でこれを回避できるようになり、大型のM&Aを進めやすくなった。ただし、これは決して都合が良いだけの会計処理ではないだろう。毎期の償却負担がなくなる代わりに、減損テストで多額の一括損失計上を迫られる可能性がある。これは企業内に爆弾を抱えるようなものだと思う。

のれんは簡単に言えば、投入した投資金額と被買収企業の純資産額の差だが、第4回まででこの貯蓄銀行には1兆ウォンを超える資本が注入された。これらは不良債権処理からの損失で毀損した自己資本を、都度あと追いで埋め合わせてきたものだ。

オンタイムでは自己資本はほぼ常時マイナスだ。つまりざっくり言えば、資本注入金額がそのままのれんの積み上がりだと見なしてもいい。そうなるとこの時点において、グループは体内に1000億円相当もの爆弾を抱えているようなものだ。韓国に赴任した当初から常に私の脳内を占めていたのは、「この爆弾のスイッチが、オンにならないようにする」ことだけだった。

この減損テストのため5ヵ年事業計画を毎年作成し、企業価値評価を行ってのれん金額との整合性を検証する。このため大手監査法人のEYハンヨンを、新たなアドバイザーとして指名した。これで四大会計監査法人のすべてと取引を持つことになった。韓国の会計監査業界には多大な貢献をしてきたと思う。

EYハンヨンとは何度もミーティングを重ねた。度重なる事業計画の練り直しで、私は保守的な観念がマヒしていた。でき上がった計画はかなりアグレッシブなものだったが、もはや私は違和感を持たなくなっていた。

絵に描いた餅のようなV字回復の計画に、EYハンヨンの担当者から明らかに懐疑的な様子で達成可能かと問われたとき、「100%大丈夫です」と胸を張って答えてしまった。隣で勝地さんが渋い顔をしていたが、どうせできないとは言えない話だ。

この事業計画をもって日本のデロイトトーマツの監査を受けた。3月下旬にはそのパートナーが韓国を訪れ、日本人派遣役員へのインタビューを実施した。これらの手続きを経て、この年の減損テストは無事クリアとなった。

この5ヵ年事業計画を作成して痛感したのは、計画を達成してのれんの減損を回避するため、現状では考えられないくらい継続的に貸出残高を増加させなければならないという、実にシビアな現実だった。

貸出の金利収入は毎月のように減少していく。銀行の営業収益の中心は金利収入だ。金利収入を増やすには利率を上げるか、貸出残高を伸ばすしかない。特にリテールは毎月300億ウォン程度の貸出実行金額から、今後は1000億ウォンぐらいにまで拡大しないと、この計画は到底達成できない。

一方で、キム社長は貸出債権を外部購入してくることに熱心だった。他の金融機関が売却するNPL (Non-Performing Loan) の入札に昨年末から積極的に参加し、かなりの確度でこれを落札していた。NPLだけではなく、他の貯蓄銀行が売却する正常貸出債権の入札にも積極的に参加し、その多くを落札していた。

こうした貸出債権の外部購入は、手っ取り早く貸出残高を増やすには有効だ。しかし、入札価格は将来の金利収入や予想回収率を織り込んで算出する。高い価格を提示するほど見込み利益はゼロに近付き、見通しを誤れば損失につながることもあり得る。

結局のところ、全体の金利収入を増やすことにはあまり寄与しない。やはり銀行というものはオーガニックグロース (自立的成長) により貸出残高を増やさなければ、本質的な収益体質の改善には結びつかないだろう。

新副社長と清水さんの帰任

チャ副社長の辞任を受け、リテールグループを統括する新しいリーダーの採用が急務だった。キム社長から良い候補者が見つかったので、面談するようにと指示があった。勝地さんと指定された会議室に臨むと、ジョン・ジンムンさんという小柄な男性が座っていた。数え年で60歳だそうで、これだとキム社長より少し年上になる。サムソングループに入社後、クレジットカード事業にたずさわり、その後は現代カードで幹部役員を務めた経歴だった。リテールグループを任せるには申し分のないキャリアだ。

いろいろと話を聞いた最後に、私は一つだけ意地の悪い質問をした。ちょうどのれんの減損テストでアグレッシブな5ヵ年事業計画を作成した直後で、それによるとリテールは向こう2年の間に、貸出残高を2倍にしなければならない計画だった。

ジョン・ジンムンさんにはリテールグループが置かれた厳しい状況を正直に説明した上で、貸出残高をこの計画通りに伸ばしていくことをここでコミットメントしてもらえますかと尋ねた。すると彼はしばらく間を置いたあと、「これは大変野心的な計画に思えるが、達成に向けて努力する」と、極めて短く答えた。はっきり「できる」とは答えなかったが、彼の表情を見れば期待感を持たずにはいられなかった。

面談後、キム社長に「ぜひ採用しましょう」と伝えた。するとジョン・ジンムンさんは前職で幹部役員を務めていたことから、ここでは副社長のタイトルを希望しているとのこと。タイトルに見合った働きをしてくれるのであれば、副社長でもまったく異存はないですと答えたところ、キム社長はかなりうれしそうな顔をした。

おそらくキム社長は、ジョン・ジンムンさんが私と同じタイトルになることを気にかけてくれたのだろう。私にはまったく気にならないことだったが、韓国のビジネス界において個人タイトルは重要で、誰もがとことんこだわる。そのときは私も同じ枠組みの中でとらえられたのだろう。

前述の通り、年明けから債権管理部門の組織改正案を日本人派遣役員の連名でキム社長に提案してきた。その内容は不良債権回収を精緻に行っていくため、組織を再統合して連携を密にする方案で、さらにPF貸出に懲りて見合わせていた不動産金融を、適正な方法で再開しようとするものだった。

ところがキム社長の考えとは相入れない部分が大きかったため、こちらの提案にはなかなか首をタテに振ってくれなかった。しかし、他の韓国人幹部役員たちも私たちと同じ考えだったようで、その筋からの説得もあり、キム社長は最終的にこの組織改正案を受け入れてくれた。

これで本腰を入れて不良債権回収と不動産金融の推進ができると意気込んでいた矢先、東京本社から清水さんに帰任の内示が出された。彼には不動産金融で大いに辣腕を振るってもらいたいと期待していたところだった。当然ながら、グループの全体人事を末端の事情だけでひっくり返すことは不可能で、これはあきらめざるを得なかった。

清水さんと思い出づくりをしようと考えたわけではないが、ふと思い立ち、日帰り板門店ツアーに誘い出した。朝鮮半島の南北分断の象徴である板門店には、一度は訪れてみたいと思っていた。この板門店はパスポートを持つ外国人だけが訪問できる場所で、現地人が近付くことは許されていない。ここではサングラスを装着し、ピクリともしない国連軍兵士、実際は韓国人兵士だろうが、彼らが常に警戒を怠らない重々しい雰囲気だった。しかし、これら兵士は触ったら怒られるだろうが、写真を撮るのは構わないようだ。

現代のソウルに居る限り、このような南北分断の事実はめったに感ずるものではない。市内は平和そのものだが、実際に両国はいまだ休戦状態だ。これをどうとらえるか。日本人には韓国人の置かれたこの現実について、真に意味するところはわからないだろう。

韓国に来て1年が経ち、隣国でもまったく性質の異なる両国人の違いを実体験していると、このような外部環境の一つひとつが、根底でこの差異に作用しているのだと思えた。一緒にいた清水さんには、私が抱いたそんな思いは露ほども心に浮かんでいなかっただろう。良い経験をしましたと笑顔をつくり、ほどなく日本に帰国していった。

経営改善命令からの脱却

この3月の第4回資本注入により、2013年12月末時点の自己資本比率は、あと付けだが四つの銀行すべてで必要水準をクリアした。前年8月に経営改善計画を提出し、そこでコミットメントした資本増強はその通りに履行され、これにて経営改善命令（第1～3銀行）、および経営改善勧告（第4銀行）が解除される見通しだった。

しかしながら、これを決める金融委員会の定例会議の手続きがなかなか進まない。結局は予定から2週間遅れの4月30日、経営改善命令、および経営改善勧告の解除が決定された。心の底から安堵した半面、ここまでの過程を振り返り、釈然としない気持ちも残った。

経営改善命令が解除されても、この貯蓄銀行の苦境が終わったわけではない。どんなに自己資本の毀損を埋め合わせようと、いまだ収益体質の改善にはほど遠い状況だ。3月末で締めた2014年6月期の期初から9ヵ月間の韓国会計基準の業績は、次の通りだ。

■第1銀行連結	営業収益	2291億ウォン	当期純利益	▲2012億ウォン
■第2銀行単体	営業収益	781億ウォン	当期純利益	▲1181億ウォン

相変わらず金融機関として存在しているのが不思議に思える数字だ。一方で、四半期ごとの数字を見ると違った様相が見えてくる（図12）。

営業収益はこれまで何度か触れてきたように、貸出残高の減少に歯止めがかからない中で、根幹となる貸出金利収入が減少するばかりだ。これは引き続き頭痛の種だった。

しかしながら、当期純利益は相変わらずマイナスを計上していたものの、10～12月の第2四半期をピークに改善傾向に転換している。

これは与信関連費用の垂れ流しが収束に向かってきた兆候だと思え、いよいよ止血に成功しつつあると期待させられた。依然として危機を脱していないことは確かだが、先行きにかすかな光明を見つけた思いだった。

図12 ▶ 四半期業績推移

単位：億ウォン

		2013年6月期		2014年6月期		
		1～3月	4～6月	7～9月	10～12月	1～3月
第1銀行連結	営業収益	846	861 (+1.8%)	848 (▲1.5%)	782 (▲7.8%)	665 (▲15.0%)
	当期純利益	▲1,219	▲1,156	▲589	▲847	▲576
	与信関連費用	1,120	992	710	906	331
第2銀行単体	営業収益	340	335 (▲1.5%)	298 (▲11.0%)	257 (▲13.8%)	228 (▲11.3%)
	当期純利益	▲577	177	▲299	▲631	▲251
	与信関連費用	543	274	286	524	195

与信関連費用は貸倒引当金繰入と貸倒償却費の合算
カッコ内は前四半期比増減率

リテール再稼働

新たにリテールグループのトップに就任したジョン副社長は、当初は現状把握に努めていたが、水面下で着実に布石を打っていたことは、そのあとに出てきた施策で明らかになった。これまで主力の個人向け信用貸出バビルローンには、積極的な広告戦略を打ってきた。しかし、不良化で一度営業を止めると、回復に一定時間かかるのはやむを得なかった。そこでこれ以外の貸出商品にも力を入れることで、この遅れをカバーしようとした。

まずは住宅担保貸出だ。これは日本の住宅ローンのような、居住用不動産取得を目的とする貸出とは異なり、保有する自宅等不動産に担保権を設定し、生活資金や事業資金を貸すものだ。以前は積極的に取り扱っていたが、そこから不良債権が著増したことで当時は新規貸出をストップしていた。

ジョン副社長は担当のSOHO営業部長とともに、商品性や取り扱い基準を設計し直し、再び住宅担保貸出の推進を開始した。ちなみにSOHOはSmall Office Home Officeの略称だが、この部署が住宅担保貸出の専管部署だ。名前と業務内容が適合しているか若干疑問に思うが、面白いネーミングではある。これまで何度も登場してきたPF、すなわち

Project Financeもしかりだが、当地では、いわゆる格好の良いネーミングが好まれる。

この住宅担保貸出に関しては、ＬＴＶ（Loan to Value）という指標を重視していた。担保不動産の価値に対する貸出金額の割合で、例えばＬＴＶが60％といえば、担保不動産価値の60％の金額を貸し付けることになる。当地ではこのＬＴＶさえ基準を満たしていれば、無収入でも借入ができたりする。日本で銀行に勤務していた頃は、ＬＴＶも考慮したが、借入人の元利金返済能力であるＤＴＩ（Debt to Income）を重視した。借入人のＤＴＩに無理がないか、もし元利金返済が難しいようであれば、通常は貸出実行できなかった。

実は住宅担保貸出を再開した当初の与信審査委員会で、ＬＴＶは満たすがＤＴＩが1倍を超える、つまり借入人の収入よりも元利金返済負担が大きい案件が上がってきて、営業担当者に厳しいコメントを返したことがあった。担当者はこの借入人に返済能力がないことを認め、それでも担保処分で元利金は回収できると主張した。この考えは間違っているのでたしなめたところ、「借入人には資料に書けない副収入があるので、本当はＤＴＩも大丈夫です」と担当者は言い、にやりと笑った。結局この案件は見送らせてもらった。

続いて取り扱いを始めたのがストックローンだ。日本では証券金融会社が扱う証券担保ローンに類似する貸出で、貸出金で購入した株式を担保に取り、相場の急変時にはロスカットの仕組みがあるので、比較的リスクの抑えられた商品となる。これにはシステム開発に時間がかかるので、すぐには開始できない。ＲＭＳという専門の仲介業者も必要で、その条件交渉にも時間がかかる。しかし、様々な貸出を扱うことによるリスク分散効果が期待できることから、新規導入に賛同した。

バビルローンは高金利の個人向け信用貸出だ。この4月から法定の貸出上限金利が34・9％まで引き下げられたが、この時点では従前の上限金利の39・0％に近いレンジに、多くの残高が集中していた(図13)。低コストの預金で調達した資金を高金利のいわゆるサラ金で運用するわけで、デフォルトが多発しない限りこれが儲からないわけがない。

しかしながら、これが未来永劫続くとは思えない。近い将来、再び上限金利の引き下げが行われると噂されていたし、仮にこれがなくても、高金利の運用ポートフォリオは自主的に是正する必要があると考えていた。

そんな時期に既存顧客の中でも属性が良い

図13 ▶ 法定貸出上限金利の推移と業態別貸出金利帯イメージ

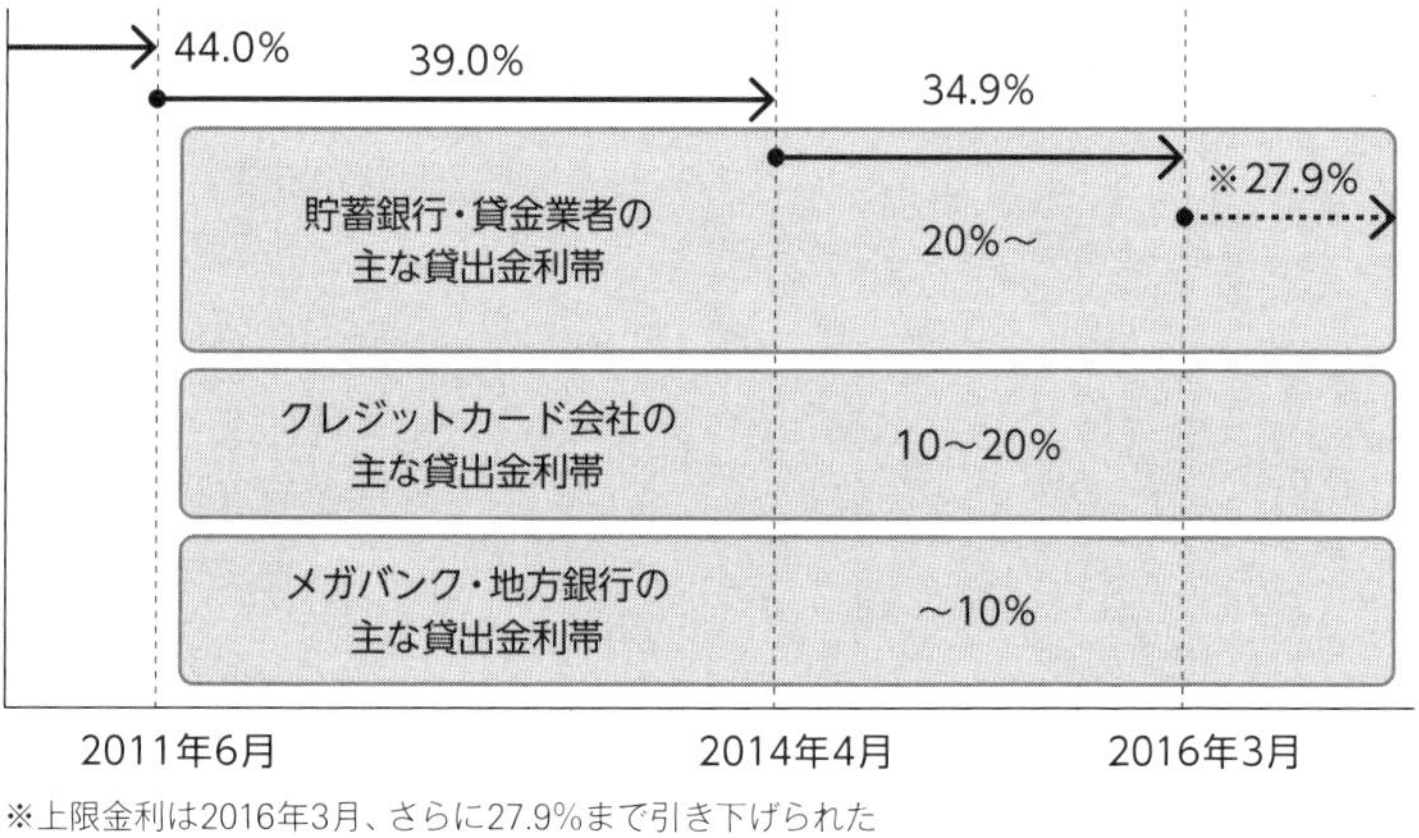

※上限金利は2016年3月、さらに27.9%まで引き下げられた

グループをターゲットに、中金利貸出をリリースするとのアイデアが出てきた。メガバンクが提供する低金利貸出は難しいが、クレジットカード会社が提供する10～20％の金利帯なら手掛けられるのではないかとのこと。

ジョン副社長は、この中金利貸出を明確にバビルローンと区別したいと主張し、協議の上で「Uスマイル」という新ブランドを決定した。2ブランドは非効率ではないかと思ったが、いずれはこの中金利貸出をリテールの中核にしたいと考えていたので、バビルローンの高金利イメージを引きずらないためにも、新ブランド導入に同意した。

このUスマイルローン自体はさほど成功したとはいえない。しかし、この2年後に中金利貸出ブームが起こり、この貯蓄銀行が業界でリーダーシップを取っていったことを考えると、このローンが果たした役割は大きかった。それだけこの商品は革新的だった。

ジョン副社長は人事面でも手を打った。彼は昔から在籍するメンバーに、以前、この貯蓄銀行を辞めていった優秀な人材を推薦させた。そこで挙がってきたのが、理事として再雇用することになったユ・ヒュングクだ。彼は当時の経営陣の事業方針に疑念を持ち、自ら外に転職した人物だった。経営権が移って不正がなくなり、ちょうど彼も再転職を考えていたタイミングだったので、戻ってきてくれることになった。

前年に外部採用した理事2名は、昔から在籍していたメンバーとの間であつれきが発生し、上手くいかなかった。その経験を踏まえ、出戻りのユ理事なら心配はないと思われた。

第5回資本注入

長らく取り組んできた独自資金調達だが、この4月末に教保生命保険で投資委員会が開催され、期間1年半、金額500億ウォンのファイナンスが承認された。別にアプローチしていたGキャピタルもこれに続くと予想され、さらにH生命保険も前向きに検討するようになるだろう。合計2000億ウォン近くはいけそうだと胸をなで下ろした。

ところが固いと思っていたGキャピタルが、最終段階でこれを否決してきた。理由は競合他社への支援につながるからというものだ。確かにGキャピタルは競合相手だ。しかし、それは初めから明らかな話で、戦略企画本部長のユン理事が懸念の通り、情報を取るために手を挙げたという疑念はあり得ない話ではないようだ。

一方で、あまりクローズアップしていなかった東洋生命保険が、教保生命保険と同じ500億ウォンの拠出を決定した。まさに捨てる神あれば拾う神ありで、これで1000億ウォンが確定した。しかし、当初500億ウォンで検討していたH証券は、300億ウォンに減額した上でまだ検討中のようだ。つい先日、貯蓄銀行の業績に関するネガティブな新聞記事が出たことが影響していた。

あとはH生命保険と現代証券PIの300億ウォンずつが残っていた。これらは1週間以内に回答がくると見込んでいた。その1週間は残った3社から代わる代わる私に面談の要請がきた。いずれも社内で業界に対する厳しい見方にさらされ、いかに説明したら説得力があるのかヒントをくれということだった。無理もない話だ。ただでさえ業界全体が色眼鏡で見られている上に、業績悪化のタイミングでファイナンスを実行する投資家は、通常ではまず考えられない。結局最後に現代証券PIでのみ承認され、他2社は否決された。これで最終的に総額1300億ウォンの協調ファイナンスとなった。

ただし、この結果は到底納得できるものではなかった。教保生命保険がアンカーインベスターになれば、まず2000億ウォン以上はいけると期待していたが、ふたをあければ1000億ウォンを超えるのがやっとという惨状だった。今回の資本注入金額は1800億ウォンを予定していて、足りない分はまたしても親会社のすねをかじらざるを得ない。

結局、差額の500億ウォンは一旦東京本社がつなぎ融資をするが、すぐに別の外部投資家を見つけて付け替えるとの約束で、何とか東京本社の承認は得られた。

第5回資本注入は6月12日に実施されることになり、東京本社から適時開示も行われた。ところがファイナンス契約の締結日に、教保生命保険がサイニングをしなかったという驚くべき連絡が届いた。最終的には何とかサインしてくれたが、最後までドタバタの資金調達だった。

利権争いとの戦い

銀行本社ビル近くにYビルという不動産担保物件があった。デフォルトした貸出債権回収のため、この担保物件の処分を進める必要があったが、COEXというコンベンションセンターとショッピングモールが併設された開発施設が近い上、つい先頃には韓国電力が保有していた近隣敷地を現代自動車が買い取り、新本社建設が発表されていた。このため辺りの不動産価値が見直され、この担保物件を上手く売却できれば、損失の大きな埋め合わせになると期待された。

多くのデベロッパーが強い関心を示した中で、某大手企業が魅力的なオファーを提示してきた。このような不動産物件は定期的にオープンな競売にかけるルールとなっており、Yビルもこの5月上旬に最初の競売にかけられる予定だった。

そこでシミュレーションをしてみたところ、この企業に任意売却した方がより多く回収することが可能で、収益インパクトも大きいことがわかった。そのため予定した競売は延期申請を行い、任意売却で進めるよう担当部署に指示した。

ここまでの過程で何やらきな臭い話がいくつか耳に入ってきた。注目度の高い物件で、利得に目ざとい外部業者が裏で関係者にアプローチしていると噂されていた。ただ、これらの噂は気にせず、正攻法で任意売却の成立を目指した。話は首尾良く進行し、某大手企業の意思決定は近いと報告を受けた矢先、相手方のドロップで話はあっけなく流れた。

こうなると競売は実施せざるを得ない。この場合、開始価格をなるべく高めに設定し、一次は流札前提として一旦物件をマーケットにさらしたあと、すぐに複数の有力デベロッパーを競わせ、任意売却で高値を引き出すのが上手いやり方であると担当部署から提案があり、その通り手続きを進めた。仕切り直しの競売予定日は、6月12日と定められた。

ところがこのデフォルトした貸出の債務者で、物件の元所有者である人物が、水面下で関係者に接触しているとの情報が耳に入った。自身に融通の利く買い手への物件売却に本件を誘導するため、この競売を妨害しようとしているらしい。そして競売予定日の朝になって、再び競売の延期申請が行われたと聞いた。通常2回目の延期は受け付けられないはずだが、なぜかこれが直前に認められていた。

まったく不可解な展開に驚いたが、尋ねると某証券会社から不動産担保付きで貸出債権そのものを買い取る申し入れがあったそうだ。しかし、その買い取り価格は元の債権額を下回る。これだと競売後の任意売却より想定回収額は少ない。果たして場外でどんなやり取りがあったか、詳しく知るところではない。確かに競売後の任意売却が本当に上手くいくか、100%の確実性はない。安全策としてこのような判断が下されたのだろう。

日本人の私が当地の不動産取引の実態や慣習を把握するのは難しい。しかし、以前から不動産取引全般について不透明な部分が多いと感じていた。ここでは動く金額が大きいだけに、銀行再建においては重要な部分だ。

私がこの件で敏感に反応したことについては、実は伏線がある。銀行再建に深く入り込んでいくうちに、担保物件をはじめとした内在する様々な利権をめぐり、水面下の動きが活発化していることを嫌でも感じざるを得なかったからだ。

例えば法律事務所の選定についてだが、この貯蓄銀行は大小合わせ、多くの訴訟案件を抱えていた。これらへの対応はそれぞれ法律事務所をアサインするが、支払報酬などのコストは多額に上らざるを得ない。案件内容の得意不得意に応じて法務部が適任の法律事務所を選定するが、しばしば韓国人幹部役員からその知人が在籍する事務所を選定させるような指図が出ていた。試しに取引がある法律事務所の支払報酬リストを作成させたところ、明らかにマイナーな事務所が不自然に高額な報酬を受領している形跡が見られた。

このような事例は法律事務所に限らず、他の外部業者との間でも発生していた。再建開始当初から不動産コンサルティング会社と契約を結び、不動産評価のアドバイスを受けてきた。この会社から、不動産売買の仲介も一緒するのはどうかと提案された。業務を受託する業者が不動産仲介も行うのは、利益相反になり得る。仲介を希望するなら、コンサルティングは終了しなければならないと答えたが、ここにきて不動産仲介を要望するこの会社は、やはり悪意があると言わざるを得ない。1年間のコンサルティングで、貯蓄銀行が抱える不動産は彼らに丸裸だ。やろうと思えばいくらでも甘い汁が吸える。

この会社に不信感を持ったのは、他にも理由がある。ここの副社長が過去にPF貸出の債務者として、この貯蓄銀行に多額の損失をもたらした張本人だったと知ったからだ。過去に不正や失敗した者を厳しく断罪するとしながら、自身の身内や知人に対しては甘い当地の実態が、こんなところにも表れていた。

保有する不動産に目を光らせていた清水さんの帰任で、利権にさとい外部業者は大いに活気づいた。リスク管理委員会に上程される非業務用不動産の数が一気に増えてきた。非業務用不動産は担保不動産を自己競落したものだが、一定期間に再売却しなければならず、早期の売却処分が望ましいのは確かだ。しかし、ここは前例がないほど多額の非業務用不動産残高を有し、叩き売れば多大な損失が発生して再び資本注入が必要となる。手間がかかってもよく吟味し、1ウォンでも多く回収する緻密な作業が必要とされる。

この他にも、あるゴルフのレッスンプロがケーブルテレビで冠番組を持つので、2億ウォン払ってスポンサーになるよう要請されたそうだ。先日実行した協調ファイナンスのレンダーの1社が、ファイナンス参加の見返りとして暗に要求してきたとのこと。あきれてしばらく放置していたら、担当者が先方に詰められ困っていると泣きを入れてきた。仕方なく広告費用の計上は次年度に回すという条件付きで、本件は受け入れることにした。

同じ頃、旧経営陣に対する刑事訴訟の第一審判決が出ていた。前のオーナー兼会長は禁固4年の実刑で、前年に現職で逮捕された企業金融グループの元理事は、禁固3年半の実刑が下された。ただ、当初は禁固7年ぐらいが当然だと聞いていたので、禁固4年は短い。旧経営陣が不正を働いたのは紛れもない事実だが、これは必要以上に社内外で誇張して喧伝されているのかもしれない。

金融機関の運営には様々な利権が絡みやすい。不良化して再建途上の銀行であれば、甘い汁を吸うことを生業とする人たちには垂涎の的だ。特に異国の地においては日本で当たり前の公正さや透明性も、通用しないことがある。それでも正しいことと正しくないことの線引きは万国共通のはずという思いで、自身を悪しき慣習に埋没させない戒めのため、「正義は勝つ」という言葉を、執務室内のデスクから見えるところに貼り付けた。

外からは見えにくい場所で、日本語でもあったのだが、現地人たちがこれをやすやすと見逃すはずがなかった。この話はあっという間に社内で広まった。「勝つ」という表現がどうやら攻撃的に響いたようで、役職員たちはこの言葉を、貯蓄銀行に巣くうよこしまな勢力と対峙する私の決意表明ととらえたらしい。これを知ったため、ほどなくしてこの「正義は勝つ」は剥がさざるを得なかった。

しかしながら、そのあともこれが私をイメージする言葉として役職員の心に深く刻まれていたことは、帰任する際に改めて知るところとなった。

重要施策の推進

経営改善命令の解除は、不名誉な称号からの脱却を意味するだけではなく、銀行再建を進める上で様々な選択肢を取りやすくすることも意味する。今回晴れて処分が解除されたことで、さっそく取り組んだ最重要改革は四つに分かれている銀行の一斉統合だった。

これは前述の通り、元々は営業推進上の理由からだったが、現在の経営方針の下では意味がない。それよりも四つに分かれている非効率性の方が問題だった。

勝地さんが戦略企画本部のスタッフと複数の統合案を練っていたが、ハードルがいくつかあった。まず統合によって各顧客預金も合算で把握されるので、預金保険適用の上限金額を超えてくるケースが発生する。超過分については統合前から顧客が外部付け替えすると予想され、この資金流出の影響を慎重に見積もる必要があった。ただし上限適用には一定の猶予期間があったので、大きな混乱を招くことにはならないと見込んでいた。

さらに預金と同じロジックで、個別貸出先当たりの与信限度額を超過する貸出先が増え、金融当局からのペナルティも増加することになる。これは一定程度致し方ないことだ。ただ、経営権が移ってからは4行合算の与信限度管理を徹底していたので、新規貸出先にこの問題は一切発生しない。この時点で過去の貸出先のほとんどが回収対象だったことから、これらの回収が進んでいけば、この問題は直に解消されるはずだ。

あとは統合コストの問題だろう。一時的な統合コストは避けられない。しかし、組織のスリム化や社外理事の削減でこれは徐々に埋め合わされ、いずれお釣りがくるはずだ。

次に重要な構造改革として、本支店の再配置、および新規開設があった。銀行にとって本支店は利益の源泉で、重要な営業拠点であるべきことは前述した。ところがこの時点の本支店の配置は各銀行の買収過程で生まれたもので、検討された結果ではない。さらに、本支店の移転や新設は金融当局により厳格にコントロールされていた。特に地域内庶民金融としての役割を担う貯蓄銀行は、営業区域外への店舗展開を厳しく制限されていた。

ところが以前、不良銀行の経営支援目的で許容されたある例外規定が、言わば抜け穴として利用できることが判明し、実は第3銀行、および第4銀行については、支店の移転や新設が比較的緩やかなことがわかった。

特に第3銀行は営業区域外に三つの支店を設置できる権利を有していて、もしこれが事実ならば、まずは現存するチャムシル(蚕室)、ブンダン(盆唐)、イルサンにある各支店を、営業区域外のプサン、ウルサン、チャンウォン(昌原)に移転させることができる。

さらに、第3銀行でチョンジュ(清州)、第4銀行でインチョン(仁川)、イルサン(第3銀行から入れ替え)、スウォン(水原)、クァンジュ(光州)に合計5ヵ店を新設すれば、全国主要都市を網羅する23ヵ店の本支店ネットワークが完成する。このような堂々たる本支店ネットワークを持つ貯蓄銀行は、他に存在しない。実現すれば大変なアドバンテージになる。

もう一つ重要な施策として、本社移転があった。現在のカンナム区にある本社ビルは、フロアがバラバラで効率が良いとはいえず、築年数もかさんで造作も所々古くなっていた。この本社移転は業務効率の改善と、役職員のモチベーションアップにつながる。

ただし、最も重視したのは過去との決別だ。長らく歴史を刻んだこの本社に居る限り、不良銀行のレッテルから切り離されることは、周囲からの評価上も、役職員の心理上も難しい。特にカンナム区は他の貯蓄銀行の本社が集積し、悪化した業界全体のシンボルのようになっていた。ここから脱することが、経営再建のためには必要だと思っていた。

移転先は現在の場所からできるだけ離れ、漢江（ハンガン）を渡ったカンブク（江北）エリアが良いだろう。可能ならば、メガバンク本社が集積するチュン（中）区に移転できないだろうか。もしここに本社を移転できたなら、世間の耳目を集めるのは間違いない。

ところがしばらくすると、本社移転について役職員の多くが乗り気ではないとの声が聞こえてきた。これは通勤が大変になるとか、ランチの場所を変えるのが面倒だといった理由によるものらしい。しかし、この本社移転も経営再建には絶対に必要な施策なので、必ず前に進めるつもりだった。

法人貸出の挑戦

法人貸出については良い展開になりつつあると前述したが、ここでも継続的に新しい試みに挑戦していく必要があった。貸出残高の拡大が重要課題となっている以上、間口を広げて様々な貸出形態を積極的に取り入れていく考えだった。

この頃は全体的な組織体制の見直しに伴い、企業金融グループは与信営業本部として再編成されていた。ある日、同本部のチェ常務とその配下の部長一人が、分譲アパートの中途金貸出について相談にきた。

この分譲アパートとは、デベロッパーが主に地方都市で高層アパート群を大規模開発するもので、個人や法人が自宅用、または賃貸用で一戸ごとに購入するものだ。デベロッパーは完成前から分譲を開始し、工事の進捗に応じて購入予定者から中途金の形で、数回にわたり購入代金を受け取る。つまりデベロッパーが金融機関などから資金調達をする代わりに、購入予定者からの中途金でその開発資金を賄う仕組みだ。

相談されたのは、この中途金を購入予定者に対してつなぎ融資する案件だ。完成後の最終代金支払い時には、メガバンクなどが分譲アパートに抵当権を付けた上で、中途金を含めて全額肩代わりする。相談内容によると、この案件では700名余りの個人が総計約900億ウォンを、数回にわたり中途金貸出で受け取ることになる。

多数の債務者が存在し、一見リスクが広く分散されているように見える。ただしバックにあるのは同じ一つの不動産開発プロジェクトだ。建物完成前で不動産担保が付かない信用貸しとなる。プロジェクトが頓挫すれば、少なくない債務者がデフォルトしそうだ。

「まず、プロジェクトそのもののリスクを、慎重に検討する必要がある」とコメントした。そして仮に債務者が多数分散していても、実質的には一つの先への貸出と変わらないと見なし、一案件の与信限度額は100億ウォンまでと伝えた。

このあとも他部署からも含め、同様な分譲アパートの中途金貸出の案件がいくつも持ち込まれてきた。手間はかかるが、実行金額を稼ぐには有効な貸出形態だったからだろう。ただし、案件の慎重検討と与信限度額順守の二つの方針は、決して譲らなかった。

もう一つ法人貸出について、私は中小企業向けの無担保貸出を拡大したいと考えた。これは庶民金融に本来的に求められる役割にも合致する。韓国では世界展開するコングロマリットがある一方で、零細企業や個人事業主が多数を占め、産業構造の二極化が定着していた。産業全体を根幹となって支える中間の中小企業が、ほとんど存在していない。そしてこれが韓国経済の脆弱さにつながっており、健全な中小企業群を育成することが貯蓄銀行の大事な責務であり、失われた信頼を回復するための方策になると考えていた。

私はこの15年ほど前、日本の銀行で新規取引先の開拓を担当したが、一定の基準を満たした中小企業に広範にダイレクトメールを発送し、当たりのあった先に営業を掛ける方法で成果をあげたことがあった。この方法を当地でも試してみようと思った。

さっそく与信営業本部に提案し、売上高が100億ウォン前後で一定の利益が出ている全国の中小企業1800社に対し、一斉にダイレクトメールを発送させた。すると1回目の発送でいくつか有望に思える中小企業が関心を示し、このうちの数社に無担保貸出を実行した。

ところが後日、ここから一つ延滞が発生してしまった。もちろん審査は通常通り実施したつもりだが、私も審査部のメンバーも、無意識に手心を加えてしまったのかもしれない。また、私が想像していた以上に当地の中小企業の事業基盤や財務基盤は脆弱で、それを日本の中小企業と同じ目線でとらえていたことが、この残念な結果につながってしまったのだろう。

こんな時期、与信営業3部の部長が部下一人とともに退職し、他の貯蓄銀行に転職していった。この部長は長年在籍していた古株で、チャ・ドンギさんとは近い存在だと見られていた。仕事ができる人物だったので、そのまま残って欲しかったのだが、おそらく風当たりが強かったのだろう。こういう派閥争いは本当にムダだと思った。これからも同様な人材の流出が続くことになれば、これは大きな損失となる。

ところで、法人貸出を推進する部署については与信営業本部とＩＢ本部（従前のＩＢグループを再編成）の二つの担当本部が併存していた。与信営業本部は当初の４部体制から、主に不動産金融を推進する総合与信部を加えた５部体制になり、ＩＢ本部も当初の２部体制から、こちらも不動産金融を推進するＩＢ営業３部を加えた３部体制になっていた。与信営業本部はオーソドックスな法人貸出を担当し、ＩＢ本部はＣＢやＢＷといったオルタナティブな法人貸出を担当するという、一応のすみ分けをしていた。

ところが多大な貸出目標を割り当てられる中で、互いの領域を侵食することも日常茶飯事で、縄張り争いのようなことも発生していた。そもそも同じ法人貸出で、２本部体制を取ることがナンセンスだったかもしれない。この体制を整理してはどうかとの意見が、韓国人役員からも上がってきていた。

ただ、私はあえてこれを維持したいと考えていた。理由はシンプルで、相互の競争を大いにあおるためだ。内部で激しく競わせて、高すぎる貸出目標を達成してもらおうとの思惑だった。もちろん競争をあおられる側にはストレスが溜まる話だ。いろいろと弊害もあるだろう。

しかしながら、再建途上で貸出残高の積み上げが急務な状況では、甘いことは言っていられない。法人貸出部門の統合はいずれ経営が正常化し、私が帰国したあとにでも実施してもらえば良いだろう。

セカンドファイナンス

6月前半に外部資金調達を実行し、1800億ウォンの第5回資本注入を終えたばかりだが、このうち500億ウォンは親会社借入だった。すぐにセカンドファイナンスで返済する約束だったので、息つく暇もなく資金募集を再開した。今回はイム常務がHMC投資証券を、チェ常務がHI投資証券を、それぞれ幹事証券として紹介してきた。前者は現代自動車、後者は現代重工業という同根の大手メーカー系列であるとの特色を持つ。

まずHMC投資証券と接触したところ、300億ウォンは引き受けたいとのことで、かなり積極的な姿勢を示した。次にHI投資証券と会って少々長めのプレゼンでしゃべり倒したところ、500億ウォンの引き受けを検討するとのこと。

6月末にはHMC投資証券の社長一行をイム常務と一緒にアテンドし、東京本社に出張した。到着後、この一行を鉄板焼ディナーで歓待し、出だしは順調だった。2日目には東京本社の幹部役員との面談をセットし、韓国でのグループ戦略について理解を深めてもらった。これでHMC投資証券の引き受けは間違いないだろう。このあと、プレースメント（外部投資家の募集）でも500億ウォンを集めてもらえることになった。

さらにこの10日後、今度はＨＩ投資証券の幹部4名をアテンドして再び東京本社に出張した。ここでも大いに訪問団を歓待し、翌日の財務部とのインタビューも滞りなく完了して、こちらも予定通り５００億ウォンの引き受けで前向きに進めることになった。

ソウルに戻り、キム社長に結果報告を行った。今回は可能な限り多額の資金調達を行う必要があるため、双方の証券会社に依頼する方針であることを念のため確認しておいた。なお、このファイナンスはキム社長がイニシアティブを取ることになっていた。

その後ほどなく、ＨＩ投資証券の投資委員会が引き受けを正式承認してきた。一方で、ＨＭＣ投資証券とは条件でまだ揉めていた。キム社長には「すぐに同証券の社長とトップ交渉をしてくれ」とお願いしたが、都合が付かず翌週会いに行くという。そして同証券との最終交渉の日、キム社長は地方都市にある非業務用不動産の視察に行ってしまい、交渉をイム常務と戦略企画室長のユン理事に任せていた。結局は同証券からリードアンダーライターのマンデートとそれに伴う追加フィーを要求され、そのまま押し切られていた。

私は明朝、キム社長の執務室を訪れ、ディールをまとめることに関して一任してもらうことの了承を得た。その足でＨＩ投資証券を訪問し、「ＨＭＣ投資証券をリードとするファイナンススキームに、サブとして参加できないか」とお願いした。

案の定、ＨＩ投資証券は「侮辱された」と怒り出し、ディールからの引き揚げを示唆した。それで腹を決めて目の前の同証券幹部役員に、「場合によってはＨＭＣ投資証券分を含む

1300億ウォン全額を引き受ける覚悟で頼む」と言い渡したあと、その場からHMC投資証券の担当役員に電話をした。

この担当役員は夏季休暇の初日で、家族と北京の空港に着いたばかりだった。受話器越しに双方の証券会社を同格のアンダーライターとする案を提示し、「もしこれを受け入れなければ、全額をHI投資証券でファイナンスする方針だ」と伝えた。担当役員は休暇明けに最終回答するとしながらも、「応諾せざるを得ないだろう」と答えた。

その後も契約書の作成などで両証券間の細かい調整が続き、8月初めの予定日から1週間ほど遅れたものの、セカンドファイナンスは実行された。ここで入金された1300億ウォンのうち、500億ウォンはファーストファイナンス時の東京本社からの借入金返済に回され、残りの800億ウォンは8月21日の最終回の資本注入に充当された。これで全6回にわたる総額1兆2657億ウォンの資本注入に区切りがついた。

最後までドタバタの展開だったが、今後は業績の回復に集中できるという安堵感がある一方で、いろいろと揉めごとに巻き込まれて複雑な気分だった。実は同じ頃、またしても派閥争いから戦略企画部長が退職することになった。この部長は愛想がないが仕事は一流だと評価していたので、非常にもったいないと思った。このあとさらに残念なことに彼の下にいた優秀な次長も、不安を抱いて退職してしまった。二人とも勝地さん配下の有能なスタッフだったので、これから4行合併を控え、大きな痛手となった。

2014年6月期決算

2013年3月に銀行再建に乗り出してから、初めて丸1期を通した決算が終了した。過去のレガシーの負担があまりに大きいため、すべてを自己責任に帰すのはさすがに残酷過ぎると思うが、この結果については重く受け止める必要があった。

ここで示すのは、これまでと同様に第3、第4銀行を含む第1銀行連結と、第2銀行単体の数字だ。本当に目をそむけたくなる結果だが、次の通り着地した。

■第1銀行連結　営業収益　3080億ウォン　当期純利益　▲2341億ウォン

■第2銀行単体　営業収益　1051億ウォン　当期純利益　▲1253億ウォン

貸出残高は次の通り。

■第1銀行連結　貸出残高　2兆847億ウォン（前期末比　▲2290億ウォン）

■第2銀行単体　貸出残高　7720億ウォン（前期末比　▲3309億ウォン）

各銀行単体の自己資本金額（と同比率）は次の通り。

■第1銀行単体　自己資本金額　1602億ウォン（同比率　9・5％）
■第2銀行単体　自己資本金額　661億ウォン（同比率　11・4％）
■第3銀行単体　自己資本金額　430億ウォン（同比率　11・5％）
■第4銀行単体　自己資本金額　572億ウォン（同比率　12・7％）

前2013年6月期と同様に、営業収益に迫るほどの当期純損失を計上する結果で、誰が見てもひどい決算だ。損失の多くは与信関連費用、すなわち不良債権処理から発生しているが、貸出残高の減少からくる営業収益の落ち込みも見過ごせない不安材料だ。

しかし、悲観してばかりもいられない。とにかく経営再建を果たす以外に道はない。身を切るような資本注入により自己資本比率は必要水準を上回り、経営改善命令は解除され、当面は追加の資本注入を心配する必要がない。これからは業績だけに集中できる。

業績回復のためにはとにかく収益の源泉である正常な貸出残高を回復し、すみやかにこれを増加基調に転じなければならない。「ではいったいどうすればこれが実現できるのか」。当時の私はこれで頭の中がいっぱいだった。

そんなとき、同じく韓国の貯蓄銀行救済に乗り出していたある日本企業の現地代表と情報交換を行う機会があり、そこで面白い話を聞いた。当初から陣頭指揮を取るこの現地代表とは、日系同士のよしみで何度か情報交換させてもらっていた。

この企業は当方に先立つこと半年前、２０１２年10月に破綻した別の貯蓄銀行を預金保険公社からP&A方式（Purchase and Assumption 破綻金融機関の資産、負債を受け皿会社が継承）で買収し、新たな貯蓄銀行として運営していた。

この話の中で、この企業が最近2社の貸金業者を買収したと聞かされた。貸金業者は主に個人向け信用貸出を行い、この分野で貯蓄銀行の競合相手だ。貯蓄銀行が第二金融圏と呼ばれるのに対し、第三金融圏と呼ばれる存在だ。国全体の個人債務が著増する中で、高金利貸出の温床として度々批判にさらされる存在でもあった。

その頃はさらなる法定貸出上限金利引き下げ見通しから、自ら身売りを望む貸金業者が増えていて、この企業は傘下の貯蓄銀行への貸出資産付け替えを目的とし、これら2社をまとめて買収したとのこと。金融当局も顧客への適用金利引き下げを条件に、この買収を承認していた。手っ取り早く貸出残高を拡大するには上手い方法に思えた。

実は似たような話は当方にも持ち掛けられていた。いくつかの案件を実際にシミュレーションしたこともあった。しかし、これらの貸出資産から上がる将来収益の確実性に、私はどうしても自信が持てなかった。

買収で貸出残高を増やせば利益が拡大するのは自明だ。ただし、あくまで不良債権が発生しないことが前提だ。仮に事後で債権の質が悪化するようだと、利益にはむしろマイナスインパクトになる。日本の銀行で与信営業担当を務めた経験に基づき、与信管理の視点から言えば、個人的には貸出資産の譲り受けに懐疑的な見解を持っている。

もし貸出資産が譲渡されると、債務者は当初の債権者との債権債務関係が切り離され、新しい債権者との間でその法的関係を再構築する。しかし、一度関係が切り離されると、両者間の信頼関係のようなものも消滅し、こちらは再構築が容易ではない。この場合、資産の質は劣化しがちである。

あまり上手く説明できていないかもしれないが、私は貸出にはこのような特性があると経験則で理解していた。従って貸出残高の増加を目的としたM＆Aは、よほど慎重に行う必要があると考える。

実際にこの翌年、大型のM＆Aが持ち込まれて検討することになった。これは他の上位行が不良化する過程でも健全経営を維持してきた、優等生のような貯蓄銀行の買収案件である。もしこの取り込みが実現すれば、一気に経営再建に目途がつきそうだった。

ところが貸出債権のクオリティを詳細に精査したところ、引当金の金額が少なすぎるとの印象を持った。他にも問題があることがわかり、買収に至ることはなかった。最終的にここは米系投資ファンドの傘下となったが、すぐに貸出債権の劣化が明るみに出て、多額の損失を計上することになった。

4行合併の推進、本支店移転と新設

経営改善命令の解除を見越し、以前から進めてきた4行合併の準備は着々と進んでいた。システム移行など詰めるべきところは多々あったが、元々四つの銀行は実質一体運営されてきたので決定的に問題となる障害もなく、2014年9月末合併をターゲットに慌ただしい毎日が続いていた。

この4行合併は効率経営の観点から必ず実現させたいと考えていたが、金融当局の意向にも沿っていた。複数行並立ながら実質一体運営する経営形態は、当地では「マトリクス経営」と呼ばれており、これを解消するのは金融当局の監督方針であった。

イェジュ貯蓄銀行とイェナレ貯蓄銀行を買収し、OK（オウケイ）貯蓄銀行、OK2貯蓄銀行としていたアプロファイナンシャルグループも、2014年10月に両行の合併を実施すると発表していた。優良かつ業界最大手のHK（エイチケイ）貯蓄銀行も、同月に傘下の釜山HK貯蓄銀行を吸収合併する予定だった。

ところがこのあと金融当局の監督方針は、真逆に転換したのではないか。同じく貯蓄銀行救済に乗り出していた例の日本企業は、元々運営していた貯蓄銀行に、そのあと買収を発表したもう一つの貯蓄銀行を統合することは認められなかった。どうやら金融当局は、貯蓄銀行がM&Aで大型化することをある時点から容認しなくなったようだ。

M&Aで容易に営業区域の拡大を図ることは、貯蓄銀行が地域内庶民金融であるとの建前に反するのと、業界全体が不良化した際、大手行ほど公的な支援負担が重くのしかかったトラウマが、この主な理由と推測された。もし私たちがこのときに4行合併を推進していなかったら、後々これが実現できたかわからない。振り返れば、この合併は実はギリギリのタイミングだった。

そもそも当地の金融当局には、貯蓄銀行は小規模であるべきとの固定観念があったように思う。市場競争の高まりとともに金融機関は経営統合を進めて図体を大きくし、同時に業務効率化を図るのが世界の一般的傾向なのだが、韓国の貯蓄銀行はこの逆を行っていた。前にも述べたが、本支店の数が一つか二つしかない貯蓄銀行が全体の約6割を占める状況は、この固定観念が強固であることを示していた。

ある金融官僚は私との面談の中で、「貯蓄銀行は零細経営の方が健全で利益が出るので、その方が望ましい」とコメントした。確かにこれら零細貯蓄銀行は概ね利益を出していた。地元に根付き、顧客と長年安定した取引を継続していた。しかし、私にはどうしてもこの考えが腹落ちしなかった。いずれ零細貯蓄銀行の収益性低下の問題が顕在化してくるのではと推測しつつ、このときは他人の心配をする余裕はなかった。

そのあとも合併準備は順調に進み、7月17日には4行一斉に理事会を開催し、9月末に4行合併を行う合併契約締結を機関決定した。これに伴い、すでに根回しは始めていたが、合併期日までに金融当局から合併承認を得るべく、担当部署に当局窓口への密な接触を指示した。合併申請は金融委員会で審議され、9月の定例会議で決議される予定だった。

この頃は東京本社のメインバンクや格付機関などによる、現地訪問が相次いで行われていた。9月第1週にこれら訪問団を順次受け入れ、無難に役目を終えてほっとしたのも束の間、合併申請の担当部署から驚くべきニュースが飛び込んできた。金融委員会は他の議案が立て込んでいるので、9月中の合併承認の議案上程を見送る方針とのこと。

こうなると9月末の合併は間に合わなくなる。すでに準備は完了し、もし遅延すれば多くの無駄なコストが発生する上に、何とも無様だ。すぐに勝地さんが金融監督院の貯蓄銀行監督局を訪問し、担当チーム長と話をした。もはや9月末の合併は絶望的で、それでも10月末の合併に向けて確実に承認がもらえるよう要請した。

私も心配でたまらず、9月の最終週に貯蓄銀行監督局を一人で訪問した。監督局長からは経営改善計画を約束通り履行したことについて感謝の言葉までもらい、合併承認については心配無用だと請け負ってくれた。そして1ヵ月遅れた10月17日、金融委員会の定例会議で4行合併が無事に承認されたとの連絡を受けた。

この頃は合併と同時進行で、本支店の移転、新設など拠点の再配置も進めていた。経営改善命令下において前向きな施策が打てずにきた反動で、後述する本社移転も含め、あれもこれもと一気に推し進めた。

まず先行して6月に、第3銀行のチンチョン（鎮川）にあった本店をテジョン（大田）広域市に移転した。韓国5番目の150万人都市への移転で、業容の拡大が期待できた。

移転初日に店の周辺をブラブラしてみたが、これまでとは比較にならないほど栄えて人通りも多い。私は現場職員とともに開店記念のティッシュ配りに参加し、無言の笑顔だけを武器に何人かの地元住民を口座開設に誘導したはずだが、果たして定かではない。

続いて京畿道のインチョン（仁川）広域市と全羅南道のクァンジュ（光州）広域市に、支店新設の申請を行った。それぞれソウルに近い300万人都市と、韓国南西部最大の150万人都市で、今まで本支店を開設してこなかったのが不思議なくらいだ。

前述したが、この貯蓄銀行は本社重視で本支店運営を疎かにしてきた。個人的に本社はコストの権化、本支店こそがプロフィットセンターとの思いがあるので、これら2支店の新設は絶対に実現したいところだった。これについては9月下旬、問題なく金融当局の認可を得ることができた。

このあとは店舗物件の賃借、内外装工事、人員の異動などの準備を進め、仁川支店は11月5日、光州支店は11月12日に、それぞれ無事に新規開店の運びとなった。私はどちらの開店セレモニーにも参加し、準備で大変だった現場職員の労をねぎらった。

債権管理本部長の交代

これまであまり触れてこなかったが、貸出残高積み上げのための営業推進と同様、不良債権回収も銀行再建のために重要かつ困難な課題だった。２０１３年9月末時点で延滞率が全体の50％を超えていたが、１年後のこの9月末の延滞率は33・８％まで低下し、引き続き高水準ではあったが、ここまでの改善は債権回収部隊の奮闘と努力の賜物だった。

不良債権処理は一気呵成にやってしまうのがセオリーだが、この貯蓄銀行はそこで発生するロスが即自己資本の毀損となり、追加の資本注入につながってしまう。手間と時間がかかっても、不良債権を余計な損失が出ないよう丁寧に処理していくことが肝要だった。

債権回収部隊を率いる債権管理本部長のキム常務は、この辺の事情をよく理解していた。粘り強い回収活動を続けていたが、おそらくストレスは相当たまっていたと思う。それにもかかわらず、初年度２０１４年6月期の不良債権の回収実績は計画比１１８％となり、延滞率改善に大いに貢献していた。2期目となる当期初めの7月から4行合併をする10月までの４ヵ月間も、回収計画１０２０億ウォンに対して実績は１４２０億ウォンとなり（計画比１３９％）、前期を上回る進捗を示していた。

私はこの分野は素人で、清水さんの帰国後はキム常務を全面的に信頼して任せていた。ところが間もなくこのキム常務を退任させて、代わりに第1銀行のイム・ヨンボク監査室長がこのポストを引き継ぐとの話を聞いた。イム監査室長はキム常務と同じく、NARA信用情報という債権回収会社で働いていたことがあるそうだ。そして今般の4行合併により各銀行の監査室は一つになり、イム監査室長のポストはなくなる見込みだった。ついてはキム常務の後任として、イム監査室長に債権管理本部を任せるとのこと。

この予定人事を聞かされたとき、とても不安に思った。キム常務の実績はまったく申し分がない。このタイミングで本部長を交代させたら、不良債権回収における良い流れに冷や水をかけることになる。イム監査室長は満60歳を超え、第一線を退いて久しく、過去に経験があるとはいえ、好調な債権管理本部のトップを代えるのは相当リスクが伴う話だ。

これについてキム社長と何度か意見交換をした。キム社長はキム常務の回収実績を認めつつも、この人事について翻意するつもりはないとのこと。あきらめの悪い私は機会あるごとに何度もこの話を蒸し返したが、結論は変わらなかった。結局キム常務は4行合併と同時に退任し、ここを去ることになった。彼は最後まで職責を全うし、実に見事な振る舞いだった。これまでの多大な貢献に、本当に頭が下がる思いだった。

イム監査室長が常務、および債権管理本部長として就任したあと、残念ながら回収実績は失速した。彼が受け持った当期の残り8ヵ月間は、計画2941億ウォンに対して実績1919億ウォン（計画比65％）に止まった。そして通期の達成率も83％で未達となった。それでもキム常務の名誉のために言うが、これ以降は奮起し、一定の挽回はしていた。それでもキム常務との実力差は明らかだった。

この頃は人事に関し、不合理なことが相次いだ。それは部長昇格人事に関するものだ。このときは三つの本部から各1名ずつ、次長から部長への昇格が検討されていた。そしてIB本部、債権管理本部の候補者はいずれも立派な業績を上げていたものの、部長昇格に必要な次長経験の規定年限に達していなかった。一方で、戦略財務本部の候補者は年限こそ満たしていたが、直属上司の評価が芳しくなかった。

決定機関である人事委員会は、各本部長のエゴが丸出しとなり結論に至らなかった。個人的には厳しいようだが、3名とも昇格見送りが妥当と考えていた。結局翌日に開かれた2回目の人事委員会で、キム社長が推す戦略財務本部の候補者のみ昇格が決まった。

直属の部下の昇格が見送られたIB本部のイム専務（当人は常務から昇格）は、不満気な顔を隠そうとしなかった。さらに部長昇格を伝えられた当の本人が、あまり喜んでいないと感じた。委員会でのやり取りを噂で漏れ聞いてしまったのだろう。

明るい話も飛び込んできた。東京本社から新たに玄 宇峰君が派遣されると連絡があった。玄君のルーツは朝鮮族中国人で、教育は日本で受けた。従って日本語も韓国語も堪能だ。彼には蓮池君とともに、現地に溶け込む役割を期待した。

4行合併式と本社移転

紆余曲折はあったが、4行合併は10月31日に完了した。この合併は赴任当初から必ずやり遂げたいと思っていたので、大変な達成感があった。

これで収益性はともかく、規模は韓国第1位に躍り出た。合併直後の12月末には総資産が3兆8173億ウォンに達したが、第2位のHK貯蓄銀行は1兆9973億ウォン、第3位の韓国投資貯蓄銀行は1兆4269億ウォンなので、これは第2位と第3位の合計よりも大きい（図14）。

ここでメガ貯蓄銀行誕生と誇りたいところだが、日本の信用金庫トップとの総資産比較

図14 ▶ 2014年12月末時点の貯蓄銀行総資産順位

（単位：億ウォン）

	貯蓄銀行名	総資産	（参考）半期純利益、系列	
1	4行合併	38,173	▲70	
2	HK	19,973	374	MBKパートナーズ
3	韓国投資	14,269	154	韓国投資金融持株
4	モア	13,925	102	個人
5	親愛	11,422	▲67	Jトラスト
6	OSB	11,159	37	オリックス
7	OK	11,132	▲150	アプロフィナンシャル
8	東部	10,963	47	東部証券
9	ハナ	10,729	▲12	ハナ金融持株
10	現代	9,690	110	現代証券

では十分の一にも満たない規模だ。赤字額だけはメガ級だが規模拡大はまだ数倍レベルで必要だし、何よりも収益性を改善しないと、とても人様に誇れるものではない。

翌11月1日は土曜日で、全役職員を集めた4行合併式を行った。当日は全員が大いに楽しんでいた。1年前の社名変更式では、ビデオメッセージで女子職員が多くの同僚が去ったことを嘆くなど、まだ誰も心の底から笑える状況ではなく、参加した役職員の顔にもこわばったものが混じっていた。しかし、今回は本当に安心しているようだった。これを目の当たりにし、これまでの苦労が吹き飛ぶような気持ちになった。実はこの時分には帰任命令が出そうな予感がしていたが、もう少しここに残りたくもなってきた。

ところで、前述にて本社はコストの権化と書いたが、銀行本社はもっと良い所に移転させたいと考えていた。現在の本社ビルは築30年ほどで、ところどころ傷みがあり、フロアも飛び飛びだった。足りないスペースは近隣ビルに分散し、効率が悪かった。場所はカンナムエリアの一等地だが、この辺りは不良化した貯蓄銀行の本社が集積し、縁起が悪かった。不良銀行の呪縛から逃れるため、新天地に本社は移転するべきだと考えた。

総務部が用意した本社移転に関する資料には、いくつか移転候補地が挙げられていた。その中でソウルのチュン区ウルチロ（乙支路）が目に留まった。ここはソウルを南北に分ける漢江の北側で、昔からの中心地で近隣に行政府が集まる他、メガバンクが本社を構えている。東京でいえば大手町のようなところで、もうここしかないだろうと心を決めた。

黒字転換も果たさぬうちから本社移転を考えるなど、言語道断だとの批判も受けた。しかし、私は回復する業績を示しつつ、年内には単月黒字が達成されるからとうそぶいた。本当に黒字化が実現するかは確信がなかったが、話が進めば移転を途中で取りやめるのは難しいと、最後は開き直るつもりだった。

7月下旬の酷暑のある日、総務人事担当のキム常務（理事から昇格）がやってきて、候補物件の中でも最良のビルが空いて、十分な広さの続き3フロアが借りられるとのこと。すぐに現地を見に行き、一発で気に入ってしまった。

この未来アセットセンターワンという高層ツインタワーは、ウルチロでもやや北西寄りにあり、市民の憩いの場となっている清渓川（チョンゲチョン）にも面している。日本のメガバンクや大手総合商社もオフィスを構え、入居するのは一流企業ばかりだ。一方で、家賃はリーズナブルで許容範囲だった。すぐに手続きを開始し、賃貸契約にこぎつけた。その後は粛々と転居準備を進め、11月には内装デザイン業者を決める入札が行われた。

入札では役職員全員の投票が行われたが、前に広告代理店を選定したときのように、日本人と現地役職員の意見が著しく異なることはなかった。透明性が確保されて正しく入札が行われるようになったのか、私たちの嗜好が現地化したのか、果たしてどちらであったか。このあとも準備は順調に進行し、本社移転は翌年3月に実施されることが決まった。

審査の成果と貸出の増勢、単月黒字

貯蓄銀行の貸出残高の積み上げは、苦労を重ねながらも粘り強く進められていた。私が審査を担当して1年以上経過したが、２０１４年6月期に審査で承認した新規貸出については、全１３２件のうち1件10億ウォン、総実行金額比で０・２％の延滞が発生した。１件でも延滞が発生したことは実に不本意だったが、金額は全体比少額で回収可能性も問題はなく、貸出事故はほぼゼロだったといってもよい。

前２０１３年6月期には1年経過後で２１９億ウォン、総実行金額比では３・４％の延滞が発生し、前々２０１２年6月期には1年目こそ１０１億ウォン、総実行金額比で０・９％に留まったものの、2年目に入ると３０４５億ウォン、総実行金額比で28・１％まで延滞が拡大した状況と比較すれば、全体の貸出ポートフォリオの質は劇的に良化していると の手応えを持つことができた。

リスク管理本部で厳しく手綱を占めてくれている審査部長が、この1年間の審査状況をまとめたレポートを作成してくれた。一番顕著なのは個別貸出先当たりの貸出金額だった。同様に再建支援前の直前2期と比較すると、1件１００億ウォンを超える大口貸出の金額ベースの割合は、古い方から全体の73・3%と76・6%だったのに対し、この1年は完全にゼロとなっている。これはそのような審査方針を取ったので当然ではあるが、とにかく営業から何度も例外的な大口貸出の要請があっても一切受け付けず、愚直に小口分散を徹底した成果だった。

貸出ポートフォリオも大きく様変わりしていた。直前2期はPF貸出を含む不動産金融の実行金額の割合が、古い方からそれぞれ全体の75・3%と39・7%だったのに対し、この1年は19・0%である。特にPF貸出は取り扱い禁止だったので、完全にゼロとなった。不動産金融が減少した分は、大手事業会社への信用貸出や中小企業への有担保貸出などへの分散が行われていた。

一つひとつの案件審査には自信をもって臨んでいたが、期が終了して全体を総括したとき、このような鳥瞰図になっていることに満足した。このレポートは東京本社のメインバンクや格付機関などにも回覧され、貯蓄銀行の経営改善の証左として活用された。

貸出残高はこれまで述べてきた積極的な法人貸出の取り扱いで、銀行全体では2014年の初めから増勢に転じ、その伸びは加速していた。一方で、リテールの貸出残高は引き続き減少傾向だったものの、ジョン副社長のリーダーシップの下で攻勢に転じていた。

フロー指標であるリテール貸出実行金額は、2014年6月期の第4四半期(4〜6月)に前四半期比で初めて増加に転じ、新年度の第1四半期末となる9月末には、ストック指標であるリテール貸出残高も増加基調に転じることになった。バランスの良い貸出ポートフォリオの構築を目指していたが、やはりリテールが根幹である。その復活はこの貯蓄銀行をめぐる潮目が、完全に変わってきたことを示していた(図15)。

リテール復活の要因は、経営改善命令の解除で様々な営業上の制約がなくなったこと、この貯蓄銀行のネガティブイメージが低減したこと、あるいはコスト高でも継続した広告宣伝が貢献してきたことが考えられた。そして何よりも、内部の混乱もありやや白い目で見られてきたリテールの各役職員が、逆境に負けず頑張ってくれたことの成果だった。

貸出残高が増えて金利収入が増加基調になり、さらに貸倒引当金繰入などの与信関連費用が減少していけば、当然ながら全体の損益状況は急速に改善していく。2014年6月期が終わるまでこのような傾向が顕著に見られることはなく、月ごとの損失の金額は減っては増え、一進一退、一喜一憂が続いていた。

ところが期が明けた7月から月次の数字を追う中で、私には手応えのようなものがつかめてきた。7月以降は月次の純利益が相変わらずマイナスで推移し、10月まではむしろマイナス幅が拡大していた。しかし、毎月の金利収入は7月から10月まで右肩上がりで増加していた。

月次の損益額は当時まだ大きかった与信関連費用の変動に左右される。一方で、金利収入は貸出債権のストック残高が増えれば安定的に増えていく。不良債権回収が進めば与信関連費用の変動も小さくなるので、ある時点で必ず単月黒字に転じると予測できた。

その待ち望んだタイミングは意外と早く、4行合併直後の2014年11月にやってきた。月次の純利益は再建開始から初めてプラスとなり、79億ウォンの黒字で着地した。この貯蓄銀行は2011年6月期から慢性的に赤字に陥っているので、これは4年ぶりぐらいの単月黒字なのかもしれない。

11月は合併に伴う会計上の調整が収益、費用ともにいくらか含まれていたので、これ以降の結果を見るまでは安心できなかったが、続く12月についても純利益は154億ウォンのプラスとなった。

あとで振り返ると、この頃が私に取って最も充実していた時期であったと思う。

図15 ▶ 貸出残高・実行金額の推移

単位：億ウォン

	2013年			2014年		
	6月末	9月末	12月末	3月末	6月末	9月末
貸出残高（正常債権）	19,548	16,259（▲3,289）	15,803（▲456）	16,268（+465）	17,766（+1,498）	21,463（+3,697）
内リテール	11,122	9,977（▲1,145）	9,237（▲740）	8,435（▲802）	8,027（▲408）	8,463（+436）
	4～6月	7～9月	10～12月	1～3月	4～6月	7～9月
リテール貸出実行金額	2,219	1,564（▲655）	1,359（▲205）	1,030（▲329）	1,447（+417）	2,403（+956）

釜山慶南地域支店開設の挫折

前述の通り、貯蓄銀行は営業区域を制限されており、国内で六つの営業区域が設けられている（①ソウル、②インチョン・京畿道、③プサン・ウルサン・慶尚南道、④テグ・慶尚北道・江原道、⑤クァンジュ・全羅道・済州島、⑥テジョン・セジョン（世宗）・忠清道、の各区域）。

ところがこの貯蓄銀行の場合は、過去に営業区域の異なる複数の貯蓄銀行を取り込んだこともあって、異例だが五つの営業区域に拠点展開が可能となっていた。しかし、韓国第二の経済圏であるプサン広域市を中心とする韓国南東部の営業区域は、唯一カバーができていない地域だった。もしここで営業ができれば、形の上では普通銀行と変わらない営業基盤を持ち得ることになる。

もちろんこれは庶民と地域に根差すという本分にはそぐわない話なので、金融当局が簡単に容認するとは思えない。ところがハードルが高いと考えていた同地域への支店開設だったが、過去に第3銀行を買収した際、金融委員会によって認められた営業区域以外に一部出店できる特例措置が、今でも使えそうだとの報告が上がってきていた。

この特例の仕組みは複雑なので詳細説明は省くが、同地域への支店開設は、開設に必要な資本規制をクリアできる範囲内で、三つの既存支店を一斉に移転させる方法を検討した。350万人都市のプサン広域市は当確として、韓国現代グループの城下町であるウルサン広域市、慶尚南道の道庁があるチャンウォン市が、早くから候補地として確定した。

しかしながら、事はそんな簡単には運ばなかった。認可に当たり金融監督院は、自己資本比率を8％以上に維持する確約書の差し入れを求めてきた。当時の法定自己資本比率は7％以上だったが、金融監督院は大型貯蓄銀行には8％以上を維持させることを目論んでいるようだった。ただ、万一自己資本比率が8％を下回り、追加資本注入を迫られるようではたまらない。これは少々受け入れ難い話だった。

ところが金融監督院は、約束は3ヵ月間だけで良いという妥協案を示してきた。条件維持の期限は2015年3月末であることを再度確認させた上で、確約書を提出した。そして12月11日の夜、プサン、ウルサン、チャンウォンの三支店の開設を認可する公文書が届いた。しかし、このあと金融委員会が特例措置の拡大解釈だとケチをつけてきた。

貯蓄銀行に関する各種認可業務は、本来的には金融委員会の権限だが、これを実務部隊の金融監督院に移譲して運営されていた。こんな事情だから、すでに正式な公文書を金融監督院から受け取っていたとしても、これはかなり分が悪いと思えた。結局は年末に近い12月26日、三支店開設の認可は取り消された。

2015年の三つの目標

ようやく2014年が終わろうとしていた。年初からチャ副社長の辞任、清水さんの帰任、キム常務の退任と、人事上の逆風を受けつつ、苦しみながらも着実に実績は上げてきた。あと付けと言われそうだが、私は年初に三つの目標を設定していた。

①経営改善命令からの脱却　②独自資金調達による資本増強　③四つの銀行の一斉統合

その後、期中に「単月黒字への転換」もおまけに加え、紆余曲折はあったものの、何とかこれらすべてを達成した。年末に際して改めて総括したとき、様々な葛藤を抱えながらもこの結果を残したことで、自分自身に及第点を与えても良いのではないかと思った。やはり逃げずに真正面から取り組めば、困難なことでも何とかなるようだ。

しかしながら、経営再建の進捗とともに東京本社とのやり取りなどを通じ、私の日本への帰任のタイミングが近づいている予感がしていた。居てもあと1年が最長ではないか。それ以前に帰任を命ぜられる可能性もある。

かかる状況下で大事なのは、残された時間の中で最後まで職責を全うすることだろう。所詮はサラリーマンだから、人事異動についてはそれをそのまま受け入れるだけだ。今からあれこれ詮索して時を費やすよりは、限られた期間の中で最高のパフォーマンスをあげることに集中しようと、改めて腹をくくった。

その上で、2015年の目標として次の三つを定めた。

①金融中心街への本社移転 ②良質な貸出資産の拡大 ③5年ぶりの通期黒字

ここまでの貯蓄銀行の経営改善の勢いからいえば、この三つの目標は十分に実現可能性が高いように見えるかもしれない。これはいつ自身が帰任を命ぜられても、安心してあとを託せるような現実的な目標に絞ったことによる。私は自らにプレッシャーをかける意味でこれを経営会議の場でも発表し、全役員の面前でコミットメントした。

経営改善が進むにつれ、現地役職員にも明るさが戻ったと書いてきたが、ここで今まであまり取り上げてこなかった話題にも、あえて触れてみたい。

この年の8月15日の光復節（日本支配からの解放記念日）に、当地で発行された英字新聞に、「Savings banks begin crisis recovery」という記事が載り、この貯蓄銀行の事例が取り上げられた。

その中で匿名の職員が、「日本資本に対する憤りはあるが、大事なのは不良銀行を公的資金の助けによらず再建したことだ」とコメントしていた。おそらくこの職員は肯定的な意見を述べようとしたと思うのだが、コメント前半についてはやはりそうなのかと認識させられた。

日本語が話せて、普段から仲良く接してもらっていたある女性職員についても、偶然彼女のＳＮＳから両国間で領土紛争になっている竹島（韓国では独島）に関し、意外にも辛辣な反日コメントを見つけてしまった。

また、韓国人幹部役員の一人が主催した部長だけの懇親会で、日本人派遣役員は敵か味方かを問う、まるで親日派をあぶり出す踏み絵のような儀式があったと、参加した部長の一人がこっそり教えてくれた。酒が入った上での余興ですからとこの部長は慰めてくれたが、やはり内心ショックは受けた。

過去の植民地支配や領土紛争に起因する問題に、この地この状況下で深入りすることはぜひとも避けたいが、支配を受けた側としては、日本人と接する上でどうしても避け難い、無視のできないテーマなのだと思う。

普段接している韓国人は、本当に面倒見が良くて親切な人たちばかりだ。しかし、それに甘えて彼らが心の底で意識せざるを得ない敏感な問題に、決して配慮を欠くことがあってはならない。

間もなく在韓2年が経過しようかというタイミングだったが、今一度、直面する状況の特異さを心にしっかりと刻み込んだ。

第4章 転機

2015年1月～9月

オートローンとPF貸出

年が明けて2015年が始まった。前年10～12月の第2四半期は、当期純利益125億ウォンの黒字で着地した。11月の単月黒字に続き、四半期でも4年ぶりに黒字転換を果たした。今のところ1～3月の見通しも悪くはなさそうで、計画を1期前倒しして通期黒字に手が届きそうだ。

なお、その次は7～12月の半年決算になることが予定されていた。いくつかの貯蓄銀行は、金融当局の要請でメガバンクが引き受けてその傘下にある。そのメガバンクが12月決算であるため、貯蓄銀行も決算を合わせる法改正が実施されていた。そうなると、もしこの半年決算でも黒字をキープできれば、2期連続の通期黒字が達成できる。当年中の帰任を覚悟していた身として、この2期連続黒字は良い置き土産になるだろう。

着実に業績が回復していく中でも、構造改革を進める努力は続けていた。まずリテールだが、高金利の個人向け信用貸出に依存する体質は変えていきたいと思っていた。ストッククローンなどの試みを継続的に実施していたが、決定打に欠けていた。日本と同様な住宅ローンも取り組めればと思ったが、韓国の貯蓄銀行では投資や事業資金目的の住宅担保貸出が一般的で、少し様相が違っていた。

そんな中、ジョン副社長がオートローン部門を立ち上げるプランを私に相談してきた。オートローン市場は巨大で魅力のある市場だったが、現代自動車系列の現代キャピタルが圧倒的な支配者として君臨していた。しかし、これは新車市場の話で、中古車市場ならばシェアを取る余地があるという。

すでにジョン副社長は部長候補をスカウトしていた。面接すると見るからにマッチョマンで、トライアスロンに出場する現役アスリートでもあるそうだ。一方で、レッドオーシャンに参入するわけで、オートローンの開始は容易ではない。マッチョ部長が編成した新チームを前に、メンバーを叱咤激励するつもりで次のようなコメントをした。「このオートローンは必ず成功します。なぜなら成功するまで止めないからです。安心して収益化するまで続けてください」。これは、それなりにブラックな発言であったかもしれない。

次に法人貸出だが、不動産開発融資であるPF貸出の一部再開を検討していた。繰り返し述べてきたように、PF貸出は数々の貯蓄銀行を破綻に追い込んだ元凶で、ここもいまだにその後遺症に苦しんでいる。銀行再建に乗り出してからは1ウォンたりともPF貸出を許容していない。これは貸出基準ではなくフィロソフィだと繰り返し説明してきた。それを再開しようとの話で、当然ながら慎重な判断が必要だ。

過去のPF貸出は紙切れだけの不動産開発計画に対して実行した、ただの無担保貸出だ。

開発認可も取れていない案件に対し、壮大な構想を描いて資金を引っ張り出す、詐欺まがいの「悪いPF貸出」だ。ところがしっかりとした裏付けがある、「良いPF貸出」も存在している。もし羹《あつもの》に懲りて膾《なます》を吹くことになっていれば、これは機会損失だ。

厳格な取り扱い基準を定めれば再開できるのではないか。現場からもその要望があると聞き、新たな目線で研究した。最終的にはキム社長を委員長とするPF委員会を新設し、最終決裁権をそこに与えることでPF貸出の再開を決定した。PF委員会の設置目的は、外部との癒着による不正を防ぐためだ。PF委員会の前段階で与信審査委員会を通過させるので、審査部の審査と合わせて三重のチェック体制で臨むことになる。

この「良いPF貸出」の再開を持ち掛けてくれたのは、2014年10月に新設したリスク管理部の部長だった。元は与信営業本部の部長を務めていたが、彼の不動産金融に関する知見と正しい倫理観には以前から目を付けていて、最大限活用したいと考えていた。

前述の通り、清水さんの帰任で不動産担保処分などのウオッチが疎かになり、ここが不透明な取引の温床になりかねないと懸念していた。Yビルのような取引も発生してしまい、何とか取引の適正性を取り戻す仕組みの必要性を痛感していた。そこでこの部長に営業から異動してもらい、私が主管するリスク管理本部内に彼を部長とするリスク管理部を新設し、審査部とは別に不動産金融関連取引を専門に精査する機能を持たせようとした。

キム社長に提案したところ、この件は預かりとなったままなかなか前に進まなかった。

しかし、粘り強くこの人事、および組織改正を訴え続けたところ、前年10月に部の新設に漕ぎつけていた。このリスク管理部により、私の安心感は大いに高まった。それだけではなく、この部長はPF貸出の再開といった、実に思い切った提案までしてくれた。

新しい試みが検討できるのは経営が安定してきた証拠だが、大きな問題が収束すると、逆に矮小な問題がクローズアップされやすくなる。新年早々に内部告発文書が私のところに届いた。コレクション事業部内において、パワーハラスメント、関係者への便宜供与、業務検定試験の替え玉受験を告発する内容だった。

このような告発の真偽は、きちんと調査しなければならない。10日ほどして監査室から調査結果の報告を受けたが、パワーハラスメントと替え玉受験は事実とのこと。関係者への便宜供与は証拠が確認できなかったそうだ。

どうしたものかと迷ったが、例のファン理事が主管する部署であったので、キム社長に同じ報告を上げて彼に判断を丸投げし、これ以上の関与は控えた。

他にも1月に総合職採用した18名の新人のうち、縁故入社が何名か含まれているとの告発もあった。選考プロセスは適切に踏んでいたので、縁故入社よりはただの推薦だろう。人事部に確認したところ、確かに新人2名は韓国人役員から紹介されたそうだ。ただし、今回紹介された人物が全員採用されたわけではないとのこと。この程度はどこにでもある話だ。しかし、若者の就職難が問題となる当地では、敏感にならざるを得ないのだろう。

全本支店の訪問

これより前に本支店活性化について触れたが、その後も本支店の機能強化を重視する私のスタンスは変わっていなかった。しかし、自身が直接関与するポストではなく、毎月の本支店長会議に参加させてもらう程度だった。ところが赴任してきた玄君は韓国語が話せるので良いと思い、彼を支店管理部に次長として配属してもらった。

しばらくすると玄君がやってきて、実は本支店の職員は本社メンバーともっと交流することを望んでいるとのこと。これまでそのような機会はほとんどなかったそうだ。ずっと各本支店内で同じメンバーと顔を突き合わせているだけでは、会社への帰属意識や一体感は芽生えてこないだろう。ならば自分がすべての本支店を回って交流するから、日程を設定してくれと指示すると、せっせと準備を始めた。

最初に訪問したのは移転前の本社1階にある三成（サムソン）支店だ。窓口業務終了後に支店長と支店運営について意見交換したあと、店内のフロアに全員集まってもらい、日頃の労をねぎらうスピーチをした。その後は近隣の居酒屋に繰り出し、慰労会を行った。

支店長以外は全員女性だったので、おじさん役員との飲み会など煙たがられるかなと様子をうかがっていたら、みなよく飲むし、食べるし、しゃべる。気後れなどせず盛り上がっている。グラス片手に盛んに韓国焼酎の乾杯を求めてくる者もいる。

ご存じの方も多いかもしれないが、当地には独特の乾杯の作法がある。乾杯と唱和して杯を干すとき、目下の者は目上の者と目を合わせてはならず、大仰に上半身をひねって横を向き、一気に杯を空ける。慣れないのでこちらもつられて横を向くと、あなたは向かなくて良いのだと修正される。仕方なく笑って乾杯を繰り返していると、酔いも進んでくる。こんな飲み会をあと19回もやるのかと考えたら、少し気が重くなった。

その後は清潭《チョンダム》本店と江南支店もそれぞれ訪問し、同様な慰労会を開催した。この2ヵ店には新人テラーも居て、さすがに彼女たちは大人しくしていたが、年季の入った先輩たちはもう大暴れで盛り上がっていた。

あまり会話はできなかったが、本社から副社長が本支店に来て仕事ぶりを評価し、自腹で食事をごちそうした。これが本支店全体のモチベーション向上につながったと、玄君から報告を受けた。その後、約2ヵ月かけて他の15支店を順に訪問したが、大田支店と光州支店は直近で移転時、新設時に訪れていたので、勝地さんと蓮池君にお願いした。

韓国の各地を訪れるのは楽しく、地元の名産なども現地で用意してくれて、ありがたく堪能させてもらった。何よりも現場で頑張っている職員たちと親密に交流できた。この全本支店訪問はかなり評判が良かったので、翌年も継続して実施することになった。

攻めへの転換

3月9日は、ウルチロの新本社で業務をスタートした記念すべき日だった。引っ越し準備は大変な作業だったと思うが、総務部が上手く仕切ってくれたおかげで、スムーズに本社移転が完了した。

当初は否定的だった役職員たちも、一等地の高層ビル内の新しいオフィスが気に入ったようで、自撮りした写真を盛んにSNSにアップロードしていた。これで過去の不良銀行の記憶と決別し、新たな明るい時代が築ければ良いだろう。

貯蓄銀行の前年後半からの業績回復は、予想を上回る進捗を見せていた。すでに単月、および四半期での黒字を達成し、いよいよ5年ぶりの通期黒字も現実的になってきていた。当初は東京本社に業績の進捗を詰められるたび、私の胃袋はキリキリと痛んだものだが、この頃にはずいぶんと気も楽になっていた。

そんな私の慢心を見透かされたのかもしれないが、東京本社はここが重要なターニングポイントととらえ、次の一手を打つタイミングを見計らっていたようだ。攻めの経営へ転ずるための、思い切った体制変更を検討していた。

かねてから私は、韓国人役員は優秀だと評価し、そのように東京本社に報告してきた。ゆえに新しい経営体制を定めるに際し、その意見も汲み取るのが良いと東京本社は考えたのだろう。順に5名の常務以上理事を東京に呼び出し、個別面談の機会が設けられた。

3月18日にジョン副社長とチェ常務が、翌週の24日はイム常務とキム常務が面談に臨んだ。イム専務の面談は、業務上の都合で週末の27日に実施された。そして週明けすぐ、私は東京本社から人事異動の内示の連絡を受けた。このときはいよいよ帰任かと少なからず緊張したが、伝えられた内容はまったく予想外なものだった。

それはキム社長が新たに副会長に就任し、空いた社長のポストを私が代表権と一緒に引き継ぐとのものだった。そして半年後の9月に行う定時株主総会で、イム専務を副社長に昇格させた上で彼にも代表権を持たせ、再び共同代表制に移行するとのこと。

東京での個別面談で果たしてどのような会話が展開されたのか、私の知るところではなかった。しかし、このようにあまりにも意外な決定は、その場において彼らの意見が何らかの影響をおよぼした結果と推測できた。

この連絡を受けた直後は、まさに驚きしかなかった。そもそも東京本社は日本人を海外現地法人の代表者にはせず、事情に通じた現地人に任せるとの基本方針を繰り返し公言してきた。だからこそ今回も半年ほどで単独代表から日韓共同代表制に切り替えるのだろうが、それにしてもここで私が代表理事社長に就任するとは、まさに青天の霹靂だった。

そもそもこの貯蓄銀行が再建のプロセスから一気に業績拡大へ舵を切るにあたり、グループの様々なリソースとの連携が一層大事になるだろうとのコンセンサスはあった。そのためにはグループから派遣された私が新たにリーダーシップを取り、現地役職員とのさらなる融合を進めることが有効だと判断されたのだろう。

私に選択権はない。グループの社員としてこの人事異動に従うのみだ。一方で、東京での個別面談の場において、韓国人幹部役員のほとんどがグループの基本方針に反してまでも、日本人の私を社長に推薦してくれたであろうことは、素直にうれしく思えた。

貯蓄銀行の再建という厳しい業務の中、現地役職員とは何度も意見の相違でぶつかることがあった。外国人であること、コミュニケーションの問題もあり、彼らと信頼関係が構築できていたか、本当のところ自信がなかった。この件だけでこれが証明されたとはいえないかもしれないが、やはり大変勇気づけられることだった。

しかしながら、これから半年後に始まる共同代表制を果たして上手く機能させられるか、あまり自信が持てずにいた。これはすでに一度、元久さんとチャ・ドンギさんとの間で実施し、ごく短期間で解消に至っていた。この国のこの環境下、これが円滑にワークする体制なのかどうか、個人的には疑問だった。

イム専務がうれしさを隠し切れない様子で私の執務室にやってきて、握手を求めてきた。

「二人で一緒に上手くやりましょう」ということだろう。

国税調査、消滅時効成立債権の売却

人事を巡る慌ただしい動きの前から、またしても大きな問題が持ち上がっていた。まだ再建途上にもかかわらず、アグレッシブな国税の税務調査が入ってきていた。経営改善命令の解除で対金融当局との過去の清算は終わったが、対税務当局とは何も進んでいなかった。日本と同じで、これらはまったく別物だ。

当初は第1銀行のみが調査対象だったが、すぐに四つの銀行すべてに対象は変更され、期間も2010年6月期から2014年6月期までの全5期間に拡大された。調査は2月中に完了する予定だったが、開始早々3月末まで延長すると伝えられた。

調査の最大のポイントは、旧経営陣が行った横領や背任疑惑のある情実融資に関連するものだ。これらが旧経営陣に対する贈与と見なされると、貸倒損失などの損金算入がすべて否認される。そうなると約200億ウォンの税金が追徴される。せっかく通期黒字の可能性が見えたところで、これだけのマイナスは痛恨だ。

国税の調査チームが常駐し始めた当初から、私と勝地さんが代わる代わる御用聞きに伺い、経営再建中の身に対する寛大な処置をお願いし続けた。とにかく追徴課税を回避したい一心だった。ついにはソウル地方国税局の局長にも会いに行った。

調査中に面談に応じてもらえるなら期待できるのではないかと希望を持ち、経営権の移動後は真摯に銀行再建に取り組んでおり、他の破綻した大型貯蓄銀行で発生した税金投入は1ウォンたりとも発生していない点をアピールし、寛大な処置を求めた。誠意が伝わったのか、局長には好印象をもってもらえたようだ。

しばらくして対応していた顧問税理士から、国税の姿勢がかなり軟化してきたと伝えられた。このあと調査チームから内示があり、追徴金額は59億ウォン程度になるとのこと。これぐらいであれば第3四半期の利益で吸収できる。

一方で、今回活躍した税理士から報酬を倍増して欲しいとの要請がきていた。当初の報酬額もなかなかのレベルだと考えていたが、実際に追徴課税金額の大幅な削減がなされていたので、この増額には渋々応じることにした。

ところが一難去ってまた一難。追徴金額の内示があってほっとした直後、キム社長から驚くべき報告を受けた。前週3月17日に入札を経て外部売却したNPLに関し、債務者への不当取り立てにつながるので怪しからんという記事が、ある経済誌に掲載されたそうだ。そしてこれを読んだ金融当局が、売却の即時取り消しを求めてきたとのこと。

NPL売却の何が不当取り立てに当たるのかと尋ねたら、違法性はないという。このNPLは過去に買い受けた無担保貸出債権プールだった。時間が経過したのでオフバランスで売却の入札を実施し、ある債権取立業者に落札された。ところがそのプールには、5年の消滅時効が成立した貸出債権が多く含まれていた。

消滅時効が成立していても売却は法的に可能だし、今までも業界でよく行われていたそうだ。しかし、債権者が変わることで債務者が不当取り立てにあう事例が頻発したことから、消滅時効成立債権の売却は控えるようにとの通達が、直前の2月末に金融監督院から発せられていたそうだ。

すぐに担当者を呼び出し、この通達を認識していたか問うたが、謝罪の言葉を繰り返すばかりで要領を得ない。どうやらこれまで普通に繰り返されてきた取引なので、現場だけの判断で進めてしまったようだ。NPL事業の責任者であるファン理事なら、これをやりかねないと思った。リスク管理委員会にこのNPL売却案が上程されたときも、消滅時効成立債権が含まれているとの説明はなかった。もっともリスク管理委員会での決議は、この通達が出される前に実施していた。

この件を経済誌にリークしたのは、落札した債権取立業者だったそうだ。この業者は手付金を払ったが残りの決済代金を用立てできず、契約不履行で手付金のみ没収されることをおそれ、マスコミを使って売買取引を取り消そうと企んだらしい。よく考えたなと思わず感心してしまったが、この売却で70億ウォンの売却利益を見込んでいたし、30億ウォンの手付金を放棄するのも癪に障る。

この件は金融当局がとにかく強硬らしい。貯蓄銀行がＮＰＬを売却するような相手先は悪質な取立業者に決まっているから、個人債務者保護のため売買は認められないとのこと。金融当局もマスコミも巧妙な落札業者に利用され、しっかりと踊らされていた。

しばらくすると、落札業者が裁判所に契約差し止めの仮処分申請を行ったと連絡があった。司法の場に持ち込まれてしまえば、当方の意向だけで契約の取り消しを実施できなくなる。一方で、売買取引に瑕疵《かし》や違法性がない以上、この仮処分申請は２日後の審問で却下されることが濃厚だった。

そうなれば取引自体は有効で、資金決済ができなければ落札業者の契約不履行となる。気持ちはすっきりしないが、何とかこれで収拾を図りたいと思った。そして結果はこの通りとなり、事件は一応の終息を見た。

しかしながら、この件で金融当局の不興を買ったことで、４月初めから金融監督院による不当取り立てに関する特別検査を受けるはめになった。そもそも債権を購入した方の不当取り立てを懸念した通達だったはずだが、なぜか売却した当方のそれを調べにくるところは、明らかにペナルティとしての意味合いがあった。

そしてこの事件は業界で日系のプレゼンスが大きくなっている事実と絡め、反日的な記事としてマスコミの餌食となった。これに火に油を注ぐことになるもう一つの事件が起こったのは、この直後だった。

グループ会社への検察強制捜査

4月1日の昼過ぎは執務室に引きこもり、現地関連会社の担当者と事務手続きを進めていた。その彼が、「知っていますか?」と問うた。首をかしげていると声をひそめて、今朝からソウル南部地方検察庁の証券犯罪合同捜査団が、韓国のグループ会社に強制捜査に入っているとのこと。

どうやら投資先からリベートを受け取った嫌疑で、同社が大規模な立ち入り捜査を受けているらしい。事情通の彼は、この捜査団が経済犯罪を取り扱うため検察が特別に設けた組織で、その第1号案件に同社が狙われたようだと教えてくれた。

これは大変な事件になると直感した。インターネット上で検索すると、強制捜査の速報記事がいくつもヒットしてきた。機械翻訳で急ぎ目を通していくと、事件の拡大を示す憶測記事がいくつも混じっていた。とにかく慌てて本件は貯蓄銀行が関与したものではなく、業務にまったく支障がない旨のステートメントをホームページ上に掲載させた。

翌朝はおそれていた通り、多くの日刊紙がこのニュースを報じていた。韓国最大の発行部数を誇る朝鮮日報も、一面写真付きでこれを取り上げていた。

強制捜査は同社内だけではなく、個人の居宅にもおよんだようだ。東京本社の投資部門でも勤務経験がある韓国人幹部の一人が、投資先と共謀して不正なリベートを受け取ったのは事実であるらしい。この幹部の逮捕は時間の問題だろう。

おそれていたのは、検察の狙いがさらに範囲を拡大させる事態に陥ることだった。タッチの差だったが、貯蓄銀行の本社を分離しておいたのは幸いだった。同じビル内のグループ会社に強制捜査が入るところなど、貯蓄銀行の役職員に見せても辛い思いをさせるだけだ。間違ってこちらにも捜査員が立ち入ろうものなら、再び信用に傷がつきかねない。

出社後はすぐに全役員を集め、とにかく業務運営に支障をきたさないよう、最大限留意して欲しいと伝えた。先の消滅時効成立債権の売却問題をきっかけに検査に入っていた金融監督院が、「検査の目的にガバナンス体制を追加する」と言ってきた。明らかに今回の事件が影響していた。

週末にかけて多くのメディアがこのリベート疑惑について報道を繰り返していた。幸いなことに、これが貯蓄銀行と関連付けて報道されることはほぼなかった。一方で、消滅時効成立債権の売却問題は引き続きマスコミの餌食となっていた。日系資本が韓国の経済的弱者を食い物にしているといった大衆受けする偏った論調が、盛んに流布されていた。

ここにきて現地役職員のモチベーションが急降下していることを、私は嫌でも感じざるを得なかった。

社長就任

2015年の年初3ヵ月は事件が多すぎた。通期黒字転換の正念場でそこだけに専念したかったのだが、事件対応に忙殺されて十分に数字を追う余裕がなかった。その分、勝地さんが管理をきっちりとやってくれていた。煩雑な諸問題は私が引き受け、勝地さんにはできるだけ業務に専念してもらうという棲み分けが上手く機能していた。

その頃には消滅時効成立債権の売却問題やグループ会社への検察の強制捜査も、一応は小康の兆しを見せつつあった。ほどなく東京本社から連絡があり、次回予定される理事会で、私の社長就任を決議せよとの指示を受けた。

ここに至るまで紆余曲折はあったが、4月16日の理事会で私は代表理事社長に選任された。特に感慨深い思いはなかった。むしろ気が重くなった。

この件は貯蓄銀行の正式開示の他、東京本社でもプレスリリースとして公表された。これを見て日本のグループ役職員や外部関係者から、多くの祝福のメッセージが寄せられた。このうちの一部は銀行不良化以前からの関係者で、私の社長就任を再建が順調に進んでいることのサインと受け取ったようだ。感謝の気持ちを伝えてくれた人たちもいた。

翌朝は本社近くのホールで就任式に臨んだ。そこでは社長就任スピーチを本社の役職員に対して行ったが、以下、そのスピーチの全文である。

「代表理事社長に就任しました中村秀生です。このようにみなさんを前にして話をするのは2回目です。2年前の今頃、この銀行を再建するため、赴任していた香港から呼び戻されてソウルに参りました。そして役員就任式が行われ、みなさんの前で、『互いを理解しあい、共通の目標を達成するため頑張りましょう』と訴えました。

正直に言いますが、そのときはこの銀行はとても再建できないと思っていました。最後にみなさん一人ひとりと握手をしながら、心の中ではあまり長くならないうちに銀行は破綻し、私は日本に帰ることになるだろうと考えていました。これを聞いて、何てひどいことだと思うかもしれません。しかし、それは仕方がないことだと思います。

当時この銀行は、自己資本比率を満たすどころか資本がマイナス、つまり債務超過に陥りました。全体の貸出のうち半分が延滞貸出となりました。私が知る限り、こんな財務状況の悪化した銀行は本来存在できないはずです。おまけに銀行が四つに分かれて非効率でした。旧経営陣の不正に絡んでマスコミにも叩かれました。金融当局から何度も検査を受けて、引当の積み上げを迫られました。良いことは一つもなかったです。

ところが2年経った今を見てください。あの絶望的だった状況はどうなりましたか？

現在、自己資本比率は11％を超えています。延滞率も劇的に低下中です。銀行は一つになり、韓国最大となりました。本社もソウルの一等地に移りました。今期は5年ぶりに黒字転換することが予想されています。

誰がこの状況を予想できたでしょうか。私はまったく予想していませんでした。こんな事例は世界中どこにもないと思います。政府の管理下に入ることなく、短期間に銀行を再生した事実は、快挙と言っていいと思います。みなさんはこれに気付いていましたか？

では、この快挙を成し遂げたのは誰でしょうか？　日本からきた役員ですか？　違います。私たちはここに一定の規律をもたらしたと思いますが、銀行再建の原動力ではありません。

日本の親会社でしょうか？　確かに1兆3000億ウォンもの資本投入は、経営破綻を防ぐのに大きな役割を果たしました。しかし、銀行業でこの程度の資本は簡単に失われます。これだけが要因ではないはずです。

では、現地の役員のみなさんですか？　もちろんこの銀行の役員はみな優秀で、大変な貢献をしています。でもそれだけでは大組織の銀行は、ここまで劇的に変わりません。

果たして、この銀行を再建した最大の功労者は誰でしょうか？　それはみなさん一人ひとりです。みなさんが逆境にも負けず、銀行再建のために努力をしたからこそ今があるのです。みなさん一人ひとりの名前が、この快挙を成し遂げた者として、歴史に刻まれるべきです。

そしてこの状況下で代表理事社長としてみなさんと引き続き頑張れる私は、非常に幸運な人間でしょう。しかし、今は幸運を感じるのは時期尚早です。この快挙はまだ道半ばです。ここで満足してはいけません。戦いはこれからが本番です。この銀行はもっと良くなれる。それは規模だけではありません。質の面でもっと良くなれます。

問題はたくさんあります。延滞率はまだ高い。本業の金利収入をもっとたくさん上げなければならない。そして銀行は信用を取り扱う事業者です。顧客から預金という信用をいただき、別の顧客に貸出という信用を提供しています。信用は信頼という言葉で置き替えても良いです。信用を取り扱う銀行が信頼されないようでは事業が成り立ちません。私たちはもっとたくさんの顧客からの信頼を得なければなりません。

そのためにはどうしたら良いでしょうか？　常に顧客のために何ができるか、何が最良であるかを考えることです。まず、目の前の顧客のために何ができるか考えてください。次に、庶民金融のために何ができるか考えてください。そして最後に、この国のために何ができるか考えてください。そこまで考えて初めて、顧客に求められる真のサービスを提供できます。この三つの思考を頭に置き、ずっと継続することです。そうすれば私たちは、信頼という大事な財産を築いていくことができるでしょう。

ただし、信頼は非常に壊れやすいものです。これを築くには時間がかかる一方で、些細なことでも一気に失われます。だから細心の注意を払わなければなりません。

さて、本社移転の際、この銀行の目指すべきスローガンとして『Beyond Savings Bank』

を掲げました。これは私たちが今後目指す方向を示す、非常に良い言葉です。だからこれを、継続して使いたいと思います。ただし、この言葉が示す真の意味を間違えてはなりません。私たちは貯蓄銀行を超えていかなければならない。しかし、それは貯蓄銀行から普通銀行に転換することが、経営目標になるということではありません。

もうおわかりと思いますが、私たちがこのスローガンを標榜するとき、既成の貯蓄銀行の概念を打ち破り、正しく庶民生活の発展に貢献する質の高い銀行を目指すということです。常識にとらわれないでください。顧客のために何をなすべきか、社会の信頼を得るためにどう行動すべきか。それだけを常に考えていきましょう。そこでは貯蓄銀行とか普通銀行とか、さらには証券や保険といった区分すら超越するかもしれません。今、私が申し上げていることがまさに常識からはずれています。それぐらいで良いと思います。

私は社長としてこれからさらに力強く事業を進める上で、従来の『貯蓄銀行』という既成概念にとらわれず、広く社会貢献するハイクオリティ・バンクを目指すことをここに宣言します。

さて、長々と話をしてきましたが、今日申し上げたことをまとめます。主に三つあります。

一つ目は、みなさんは銀行再建という大仕事を成し遂げました。これはみなさん一人ひとりが誇るべき快挙であることを認識してください。みなさんにはそれだけの力があります。

二つ目は、これからは常に顧客のために何ができるかを懸命に考えて行きましょう。銀行の本質は顧客から、そして社会からの信頼です。これを築いていくため、絶えることのない努力をしていきましょう。

三つ目は、『Beyond Savings Bank』を大いに推進しましょう。既成概念を打ち破り、真に庶民生活に貢献するハイクオリティな銀行を目指します。そしてその先には、普通銀行への転換があるかもしれません。

この銀行の未来は平穏ではありません。乗り越えるべき壁はたくさんあります。今後の経済状況がどうなるかわかりません。低金利時代は長期化するでしょう。金融行政のルールや指導にも忠実に従わなければなりません。やり方を間違えれば厳しいペナルティを受けて、顧客や社会からの信頼を失います。マスコミからも批判を受けるでしょう。現に今も厳しい批判にさらされています。

ただし、これらを乗り越えた先には明るい未来が待っています。みなさんはすでに銀行破綻という困難を克服し、現状を自らの力で勝ち取りました。これからさらに明るい未来を迎えるため、ともに頑張りましょう。以上、私の就任の言葉と致します」

通訳のためのインターバルを十分に取り、自信に満ちた振る舞いで私の本心を訴えた。スピーチ直後はおざなりの拍手はなく、しばし静寂が続いたことから、壇上で私は上手くやれたのだと確信した。

新米社長

社長就任スピーチの中で、「普通銀行」というキーワードが登場した。私は以前から、この貯蓄銀行は普通銀行を目指すべきとの持論を各所で展開していた。この思いは実際には野心になっていたと言っていい。当然ながら、これは容易ではないと理解していた。貯蓄銀行は普通銀行の格下、それもかなりの格下との固定観念が世間には形成され、もはや差別されているともいえた。

ところが法務部に関連法規を調べてもらうと、条件を満たせば普通銀行への転換は可能に思えた。条件の一つに金融委員会の事前承認がある。これが相当高いハードルとなる。世論への働きかけやロビー活動も必要になる。セカンドオピニオンとして、ある金融官僚OBにも意見を求めたところ、金融当局がこれを認めるのは限りなく負担の大きな話だろうと、かなり否定的なコメントだった。

一つアイデアがあった。それは日本の事例を参考にしている。日本でも以前、相互銀行というカテゴリーが存在していた。戦後に無尽といわれた相互金融、または地域庶民金融から発展したところは、韓国の貯蓄銀行と出自が類似する。

この相互銀行は規模の拡大とともに、１９８９年以降ほぼ一斉に第二地方銀行へと転換した。同じことを韓国でもできるのではないか。

ただ前述したように、貯蓄銀行の大半は零細経営で、これらを普通銀行に転換するのは無理がある。一方で、大型行と零細行の二極化はますます進行し、すべてを同じカテゴリーにはめ込むことに無理が生じていたと思う。ゆえに大型行に限って普通銀行への転換を進めることは、理屈が通らない話ではないと考えた。

このアイデアを検討するため、東京の第二地方銀行協会に連絡を取り、当時の経緯がわかる資料を取り寄せた。また、知人の銀行業界アナリストにアドバイスを求めたりした。そして調べれば調べるほど、日本と比較した韓国金融業界のバランスの悪さを認識した。

しかしながら、日本の実例を紹介して普通銀行化を訴えても、話を聞いた韓国人は意見を変えなかった。金融官僚も弁護士などの専門家も、内部の役職員たちも、貯蓄銀行は格下だから普通銀行には転換できないという呪縛から、一歩も踏み出すことはなかった。

ところで、自身は社長になったとはいえ、心持ちに大きな変化はなかった。銀行再建のために日本から派遣されてきた立場に変わりはなく、それ以上でもそれ以下でもなかった。ところが周りはそうはいかないらしい。

私はわからないことがあると、担当者に直に話を聞きに出向くのだが、社長になっても同じことをしていたら、総務人事担当のキム常務に注意された。「社長なら担当者を呼びつけなさい」とのこと。直接赴くのはその方が早いし、現場を見た方が嘘はないと考えていたからだ。一応そんな言い訳をしてみたが、とにかく社長は社内をあまりウロウロしないようお願いされた。

社長になることで一つ不都合があった。私はこれまでリスク管理本部長として貸出債権の質の改善と維持に努め、その全責任を負う立場にあった。2年間ずっと審査の仕組み構築と整備に心血を注ぎ、審査水準の向上を図ってきた。与信審査委員会の委員長としてすべての案件に目を通し、リスク管理を徹底してきた。

ところがこの役職から外れなければならない。社長は委員会で承認された案件に対する実行時の拒否権を持つのみで、委員会そのものには影響力をおよぼせない。適正な審査プロセスは定着したので、私が外れても問題はなかった。しかし、将来において不正貸出が絶対に復活しない素地まで構築したかは、確信が持てなかった。

週次の経営会議はスタイルを変更した。これまでは参加者が多く、計数、および実績報告の色彩が濃かった。これを経営方針の合議や意思決定の場としたく、参加者も常務以上に絞り、計数は資料で配布することにして、会議は活発な議論を行う場とした。

新米社長のスタートは、それほど格好の良いものではなかった。しかし、周囲のサポートを受け、無難に滑り出すことができた。マスコミの取材もたくさん受けた。当初は日本人社長に対する否定的な論調を覚悟したが、意外と冷静な反応が多かったように思う。

通期黒字の達成

2015年5月末に第3四半期の決算を公示した。第3四半期の当期純利益は215億ウォンを計上し、第2四半期に続いて四半期での黒字を維持したのと、9ヵ月間の通算でも純利益は145億ウォンと、初めてプラスに浮上した。残り3ヵ月でいよいよ通期黒字に目途が付きつつあった。

ただし、これがひっくり返る可能性は十分ある。当時はまだ有価証券関連収益や、貸倒引当金戻り益などの一過性収益に頼る状況で、貸出金利収入だけでは十分に黒字を確保できなかった。これら一過性収益はプラスをもたらす一方で、マイナスに転ずることもある。

この頃は韓国中が、中東呼吸器症候群（MERS）の感染拡大で大騒ぎとなっていた。中東でウイルスに感染して帰国した出張者から院内感染で二次三次の感染を引き起こし、200名近い感染者と40名近い死者が出ていた。そして1万6000名ほどが濃厚接触で隔離対象となった。

社内でも各部署、および各本支店にマスクと消毒液を一斉配布し、飲食などで大勢が集まる機会は自粛するよう呼び掛けた。役職員やその家族から感染者が発生するのではないかと、大変心配な日々が続いた。私自身は有事に備えて日本への渡航はしばらく控えていた。肝心なときに社長が逃げ帰っていたと誤解されては、まったく洒落にならない。

幸い社内で感染者こそ出なかったものの、この年度末はMERS騒動に振り回され、最終的な数字の追い込みどころではなかった。国税の追徴以外に突発的な損失の発生報告は受けておらず、通期黒字の達成はまず大丈夫だと思っていたが、とにかく早く結果を知りたくて、7月に入ってからは毎日、勝地さんに利益の着地見込みを確認しに行った。

この頃には決算手続きが翌月10日までに締まるほどに改善し、それによると当期純利益は200億ウォンを超える模様とのこと。ついに5年ぶりの通期黒字が実現した。すでに見通しで間違いないと伝えていたので、社内も東京本社も特に大騒ぎすることはなかった。しかし、一時は営業収益を超える年間6000億ウォン近い当期純損失を出したこの貯蓄銀行が、計画を1期前倒しして黒字転換を達成した。これは快挙といっていい。

なお、昨年第5、第6回の追加資本注入のため独自資金調達を実施したが、全額を繰り上げ返済した。元々外部資金に頼る必要はなかったが、当時は貯蓄銀行の経営悪化でグループ全体の信用まで毀損されかねず、東京本社の保証付きで資金調達を行った経緯がある。今回の通期黒字で信用の問題は心配事ではなくなった。こうなると8%もの高い金利負担はバカにならない。繰り上げ返済するのが妥当だ。このあと最終的な決算数値は、営業収益4647億ウォン、当期純利益203億ウォンで確定した（図16）。

この通期黒字の達成は世間からも注目を集め、いくつかマスコミ取材を受けた。その中でも比較的好意的な記事を書く某新聞社とは、担当記者と一対一で話をした。担当記者は経営改善命令を受けてから黒字転換を成し遂げるまで、いかに銀行再建に取り組んだか、質問を交えながら熱心にメモを取っていた。

ところが4日後に出た記事を見て、がっかりさせられた。質問を受けて少しだけ話をしたインターネット銀行に関する話題が中心で、いかにも私が野心的にその設立を目論んでいるかのような、誤解を招く内容だった。

あとで広報部から伝え聞いたところ、担当記者は私の話の通りに銀行再建に関する記事を書いたのだが、編集デスクから書き直しを指示されたそうだ。韓国のマスコミでは日本絡みの美談は馴染まないとのことだった。

図16 ▶ 貯蓄銀行の通期業績推移

単位：億ウォン

(旧体制)

	2009年6月期	2010年6月期	2011年6月期	2012年6月期
営業収益	5,126	6,530	7,975	7,556
当期純利益	596	172	▲634	▲2,005
貸出金残高	36,550	48,004	44,915	41,869
延滞率(%)	15.00	11.84	12.16	18.97

(再建支援後)

	2013年6月期	2014年6月期	2015年6月期
営業収益	5,760	4,131	4,647
当期純利益	▲5,852	▲3,292	203
貸出金残高	34,210	28,661	30,666
延滞率(%)	44.04	39.70	25.95

2012年6月期までは4行連結
2013年6月期および2014年6月期は第1銀行連結と第2銀行単体の合算
2015年6月期は4行合併後単体

ボーナスの復活

通期黒字の正式開示はまだだったが、すぐに取り組むべき事案として、職員に対するボーナスを検討しなければならなかった。業績が回復した今、全職員がボーナスの復活を期待している。なにせ5年ぶりに通期黒字を達成したわけで、ずっとボーナスゼロに甘んじてきた職員がこのままでは納得しない。

イム専務は彼がＩＢ部門の立ち上げ時に外部から連れてきた二人の部長に対し、年俸にも届くほどの特別ボーナスを出してくれと申し入れてきた。これは彼が二人の採用時に約束したことだという。確かにＩＢ本部の収益が通期黒字に寄与したのは事実なので、彼らの功績は大きい。だが商業銀行において、イム専務が過去に在籍したヘッジファンドのような報酬体系は馴染まない。

一般的にファンドマネジャーは運用成功時に高額な報酬を受け取るが、失敗すればこれを受け取れず、その後は資金募集が困難となり命運が絶たれる。ところがこの二人は銀行員で、高い報酬に見合う失敗時の代償を負うわけではない。運用原資は顧客預金で、本来は低リスク運用を前提とするところ、オルタナティブでハイリスクの運用を行ってきた。

失敗してもリスクを負わない状況で成功時の報酬だけを約束すれば、モラルハザードを招いてハイリターン狙いの危険な運用に陥る。しかし、イム専務の顔をつぶすわけにもいかない。やむを得ず今回限りとして、この特別ボーナスを了承した。

他の職員へのボーナス支給は決算数値が固まり、各部署、および各職員の評価が確定した7月下旬を目途に実施することにした。業界標準や過去の実績を考慮して総額の目安を設け、部署ごとに目標達成度合いに応じて月給の倍数で計算した支給基準を定めた。標準は月給の1・5倍とし、最高で3・0倍、最低は0・5倍といった具合だ。

3・0倍は標準と差が大きすぎると思ったが、IB本部はこれだけ欲しいと主張した。実際に貢献度は高かったので、格差に対して他部署から不満や妬みが出ると予想されたが、応じざるを得なかった。また、最低の0・5倍は厳しすぎるとためらったが、全体の足を大きく引っ張った部署があり、信賞必罰の観点から私の責任でこれを決定した。

ボーナス復活の正式発表は、ホップデイの中で行われることになった。ホップデイとは「暑気払いの会」とでもいえば良いのか、社内融和の一環として企画されたイベントだ。大きなビアホールを借りて本社とソウル圏に勤務する役職員300名余りを集め、自由に飲み食いをする。ボーナス復活を発表する場としてはうってつけだった。

主催する経営支援本部が花を持たせようとして、発表は私の口から行った。ところが下手な韓国語でやったものだから、最初はみなキョトンとしていた。しかし、すぐに意味は伝わりみな大いに盛り上がる結果となり、ホップデイは大盛況で終了した。

ところで、ボーナス自体は大いに喜んでもらえたが、一旦出てしまえば他人と比較して不平不満を持つのが人情で、後日、様々な機会をとらえてこれらの声が私に届けられた。特にIB本部の二人の部長への特別ボーナスは厳秘扱いだったが、この手の秘密は必ず漏れる。他の職員からの反発は強く、私を大いにいらだたせた。

たとえ小さな差額でも不公平といわれるのがボーナスだ。どんなに公平性を期しても必ず文句は出てくるので、私はあえて耳を傾けないようにした。一方で、できるだけ公正な評価に基づき正しく業績向上へのインセンティブを引き出すボーナスの仕組みを、今後は真剣に検討しなければならないと痛感した。

普通はボーナスを出すと一時的に退職者が増える。貰うものを貰ったのでということだが、理事以上の役員ボーナスはあと回しでまだ支給していなかった。それにもかかわらず、戦略企画担当のユン理事が退職を願い出てきた。彼は非常に有能で、これまで数々の重要施策推進に辣腕を振るってきた。何としても引き止めたかったが、とても魅力的な転職のオファーを受けていた。

残念ではあったが彼を気持ち良く送り出すとともに、前倒しでボーナスを出すので受け取って欲しいと伝えた。ところが彼は、最後まで特別扱いを固辞し続けた。実に爽やかなユン理事の去り際に、ボーナスに関して辟易していた私は本当に救われた気分になった。

社長メッセージ、不動産金融事業部の創設

社長として役職員に経営方針その他をいかに伝えるか、外国人の私には特に神経を使うところだった。何かあれば現場に足を運んで直にコミュニケーションを取ることは継続していたが、この他にもイントラネットに社長メッセージを載せ、全体に一度に呼びかける方法を活用した。

毎月初めにこのメッセージで何を取り上げていかにその真意を伝えるかは、相応の時間をかけて慎重に吟味した。抽象論に陥らず、個別具体的で誰もがすぐ理解できるような内容を心掛けた。

2015年5月の初回メッセージは、新社長に就任した心構えとして「初心にかえる」ことを取り上げ、2013年3月の第1回資本注入直後に全役職員に送ったメッセージを再び持ち出して、改めて原点に立ち返って全力を尽くそうと訴えた。このメッセージ全文は前掲した通りだ。

一方で、6月から8月までのメッセージは一転して実務的な内容に踏み込み、銀行業において健全な貸出業務がいかに重要であるかを説いた。当初は1回限りで終えるつもり

だったが、あれもこれもと手を広げ、結局3回分を費やした。

社長が実務的な内容をくどくど述べることが適切なのか、自身でも疑問だったが、繰り返し述べてきたように、銀行再建には健全な貸出業務の運営と厳正な審査システムの維持が重要だ。黒字転換でこの信念は上手く機能してきたと自信を深めていたが、さらに経営の安定を目指す上で、全体を整理してコーポレートカルチャーに仕立て上げ、全役職員の頭の中に刷り込んでしまいたいと思った。

まず6月は以下の3点を箇条書きにし、自身の経験を踏まえた貸出業務に臨む基本姿勢を詳述した。

①審査は銀行の盛衰に関わる　②権限と責任を明確にする
③貸出業務の要諦は債権保全である

これらは私が若手銀行員だったときに叩き込まれた教えで、これまでも貸出業務にたずさわる役職員に説いてきたものだ。その主旨をできるだけわかりやすく事例も交えて説明し、概ね理解と共感を得られたと思う。

次の7月も同じスタイルで、以下の3点を投稿した。

①一人のスター選手よりも三人の裏方選手　②ROA（総資産利益率）を重視しすぎない
③貸出債権は売買されると質が落ちる

ここでは銀行業の本質を誤解し、ギャンブルのごとく過剰なリスクテイクを容認する風潮を牽制し、再び誤った方向に進まぬようにとの思いを込めた。

そして最終8月は、普段あまり主張しない精神論にも走った以下の3点をあげた。

①貸すも親切、貸さぬも親切　②寝ないで血を吐くぐらいやる
③貸出業務でもうけるのは神の業

再び自身が叩き込まれた銀行員時代の教えをもとに、業務担当者が持つべき心構えや責任、業務の困難さを訴えた。タイトルがややブラックだが、説明する内容は十分に合理的なものだ。経営正常化で役職員の気が緩みつつある雰囲気を感じ、カンフル剤を打つつもりでこの3回シリーズを締めくくった。

これらは貸出業務以外を担当する役職員にはあまり馴染みのない内容だった。しかし、あえて全役職員向けのメッセージとして発信した。たとえ担当していなくても、銀行収益の柱が貸出金利収入である以上、その本質を理解しておくことは全体のカルチャー醸成に必要なことだと思ったからだ。

とにかく二度と銀行として道を踏み外さないよう、貸出業務に対する正しい認識を未来永劫にわたって共有し続けて欲しいと願った。

ところで、不動産金融については全体のボリュームアップとポートフォリオ多様化のため、以前からもう少し積極的に推進したいと考えていた。重荷だった不良PF貸出の回収も進捗し、良質な不動産金融なら再び進めても良い状況になっていた。

前年に勝地さん、清水さんとこうした不動産金融の推進を試みたが、NPL事業を拡大したいキム前社長の方針と清水さんの帰任で、これは頓挫していた。実際のところ不動産金融は、与信営業本部とIB本部がそれぞれ専任の部署を設け、積極的に推進を始めていた。しかし、もっと専門的かつ集中して取り扱う部署があっても良いと考えた。

債権管理本部は不良債権回収を通じ、不動産金融の関連ノウハウを蓄積していた。一方で、主たる回収が進んでその残高が減少し、人員の余裕も出ていたので、守りだけでなく攻めの営業をさせたら面白いと思いついた。そこで同本部のアン・サンヒ理事に、不動産金融推進の新事業部を任せようと考えた。

このアン理事は、高職位者の中では少なくなった古参メンバーだ。経営権の移動後に、外部から採用された面々ばかりが上層部を占め、古参メンバーがその下で割を食うだけの状況は望ましくないと思い、彼らにもチャンスを与え、実績を上げればさらに引き立てたいと考えていた。

ところがこれにはアン理事の上司のイム常務が難色を示した。同じ債権管理本部内だが、彼の土地勘が働かない営業推進の事業部を新設することは、ネガティブな評価による権限縮小ととらえたようだ。そうではないと丁寧に説明したが、完全に自己防衛本能にスイッチが入っていた。

さらに、当のアン理事が嫌がっていると聞こえてきた。彼はイム常務がこの人事を働きかけたと勘違いしたらしい。元々本人には直接説明するつもりだったので、彼を食事に誘い出し、決して否定的な意味を持つ人事ではなく、むしろ大いに期待した上でのことだと説明した。

翌朝、彼は不動産金融と不良債権回収を兼務する代替案を持って私のところにきたが、この二つはコンフリクトがあるのでその場で却下した。

結局、このまま当事者の納得は得られなかったが、いちいち個々の希望を聞くわけには行かず、経営会議の場で賛同を取り付けた上で、社長提案として不動産金融事業部の創設とアン理事の事業部長就任を決定した。

就任後のアン理事は、私の期待に大いに応えてくれた。新事業部は与信営業本部とＩＢ本部にも刺激を与え、各々切磋琢磨による相乗効果もあったと思う。

ところが新事業部は、出だしから足止めをくらう羽目になった。それはこのあとに述べるＮＰＬ問題の発生によるものだ。この問題に初期対応できる人員の必要性から、これを新設の不動産金融事業部に頼るしかなかった。

それにしてもこのＮＰＬ問題は、苦労して黒字転換を成し遂げた直後の貯蓄銀行にいきなり冷水をかける由々しき事態に発展するのだが、あとで思い返してみても、とても残念な気持ちになる。

NPL問題

NPL（Non-Performing Loan）はこれまでも触れてきたが、主に銀行などが財務構造調整のため四半期ごとに入札方式で売却する不良債権プールのことで、買い手は一定期間で上手に回収を進めれば相応の利益を上げることができる。要はサービサー業務だ。

キム前社長の就任後、2013年11月からNPLの購入が推進され、私が社長に就任するまでの17ヵ月で計8個のNPLプールを落札した。この3月末時点の残高はおよそ3300億ウォン近くにのぼり、債権管理本部内のコレクション事業部が入札手続きと事後の債権回収にあたっていた。

各プールには少なくとも100以上の貸出債権が含まれ、短時間でこれら一つひとつを精査するのは困難だ。前にも書いたが、実際のところ中身を確実に把握できず、私は正直に言えば懐疑的だった。それでも清水さんが居た当時は、彼の見立てを信頼して一定の安心感を保てた。ところが彼が帰任し、自身も他に時間を取られて十分なフォローを怠った。そのためNPLに対するチェックが疎かになっていた。

社長就任が内定したあたりから、遅ればせながらこの事業にメスを入れることにした。

差し当たり2015年3月の入札は過熱気味のNPL市場に中立的な価格で札入れしたところ、想像通り落札に遠くおよばない結果となった。このとき少し嫌な予感に襲われた。

しばらくすると、コレクション事業部を主管するファン理事が上司のイム常務とともにやってきて、6月初めに予定されているNPLの入札に関し、その参加可否を確認したいとのこと。本音は入札を回避すべきと考えていたが、社内のハレーションをおそれて参加を許可した。すでにリスク管理部による精査が機能し、入札前に適正な債権評価が可能だと安心していたし、実際このときも落札には遠くおよばなかった。

この結果を受け、NPL事業について方針転換する機が熟したと考え、経営会議に諮って半年間の入札参加停止の賛同を取り付け、この間にこれまで買い入れたNPLの徹底的な資産精査を行うよう、さっそくリスク管理部に指示した。また、ファン理事についてはコレクション事業部長から以前の監査室の仕事に戻した。

6月の最終週、イム常務がいくつか大口債権回収に関しての報告をしたあと、NPLについて重大な話があると切り出した。1年前にIBK（Industrial Bank of Korea 中小企業銀行）から落札したNPLプールで、100億ウォン近くの貸倒引当金の繰入が発生するかもしれないとのこと。すでに通期で200億ウォン以上の当期純利益を予想していたので、5年ぶりの通期黒字までひっくり返ることはなかった。しかし、年間利益の半分が吹っ飛ぶ報告に、初めは何を言い出すのかとまったく理解できなかった。

全部で8個あったプールについては、毎年6月と12月に時価評価を受けてきて、そのときまでは何の問題も発生していなかった。しかし、仮に一つのプールで時価評価において将来損益マイナスと見積もられた場合、そのプールは固定以下与信に分類され、20%以上の貸倒引当金の繰入を要する。今回ＩＢＫのプールがこれに該当するとのことだ。

なお、固定以下与信とは、金融当局の監督指針上、いわゆる不良債権として認識された貸出のことで、日本の銀行の債務者区分では要注意先の中の要管理債権に相当する。

担当理事を更迭し、資産の再精査を命じたところで問題が発覚したということは、これまでの評価に何らかの手心が加えられていたと考えざるを得ない。そもそも入札前にコレクション事業部が作成した債権評価レポートは、入札情報の漏洩を防ぐとの名目でリスク管理委員会の前日にしか提供されてこなかった。ここには審査サイドによる十分な精査を回避したいとの思惑もあったと疑われる。

こうなると他の7個のプールに関しても、同じ事象が発生し得ると思われた。すべてが固定以下与信に分類されれば、ざっと700億ウォン近い貸倒引当金繰入を強いられる。そして一度不良化した債権は、その後は雪だるま式に損失が膨らんでいくことは経験上で把握していたことで、最悪の事態を想像して思わず身震いした。

7月中旬になり、指示していたＮＰＬの資産精査の中間報告が上がってきて、8個のプールの再評価結果は非常に深刻なものになるとの見通しが出てきた。

各プールは取得時期が異なるので、すべてが一律に悪化しているわけではない。しかし、回収が進むにつれて各プールで資産劣化が進行し、いずれすべてのプールが固定以下与信に分類されるのは時間の問題だとの、衝撃的な内容だった。なかでも２０１４年３月から同年９月までに購入したプールの見通しがひどかった。この時期は清水さんが帰任したあと、リスク管理部を設置して牽制機能を回復するまでの空白期間に該当する。

もはやコレクション事業部は信頼できず、不本意だが不動産金融事業部を立ち上げたばかりのアン理事に、ＮＰＬの敗戦処理への協力をお願いした。アン理事がリスク管理部とＮＰＬの資産精査結果について議論したあとの見立てでは、各プールが固定以下与信に分類されたあと、時間をかけて丁寧に回収を進めれば順次引当金の戻りも発生し、最終的には差し引き２００億ウォンぐらいの損失に抑えられるだろうとの予測だった。

これは希望的観測が混じった楽観的な見通しだと内心理解しつつも、こうなると引当金計上のタイミングが重要になる。せっかく黒字転換を果たしても、その直後の決算で再び赤字に陥ったら、この時点で１１９６億円にも上る連結のれんの減損テストには、極めてネガティブな影響が出てしまう。

こんなときに限って、次回は決算月変更による半年決算だ。収益力の回復がまだ不十分なうちにＮＰＬで引当金繰入による損失が頻発すれば、この貯蓄銀行はひとたまりもない。これはもう、他人任せにして良い話ではなかった。誰もこんな後ろ向きの仕事を片手間で取り組もうとは思わない。この仕事は私が引き取るしかなかった。私が引き取ってしまえば、他の誰かに人事で害がおよぶことはない。

私は当地で人気のＴＦＴ、すなわちTask Force Teamを好まない。ここではすぐＴＦＴが組成されるが、名ばかりで実が伴わないケースが多く、それに対する反発心からだろう。ただしこのときばかりは、社長直轄でＮＰＬ問題対応のＴＦＴをつくると決めた。

しかしながら、私自身がこの分野で実務経験や知識を持っているわけではなく、笛は吹けてもダンスまでは踊れない。現場で債権回収の知識と実務経験に長けた、信頼できるＴＦＴのリーダーが必要だと考えた。そしてそのとき、頭に一人の男が浮かんだ。

彼は光州支店長を務めていた。元は債権管理本部に在籍していたが、なぜか本社から最も遠隔の支店に左遷されていた。業務でミスをしたのか、人格に問題があるのか、どちらも心当たりがなく不思議に思っていた。むしろ実直で能力もあり、ＴＦＴ長として適任だ。すぐに彼をＴＦＴ長に任命する人事異動を発令した。光州から戻った新任ＴＦＴ長に、自ら問題の概要と深刻度、期待する役割について説明した。彼の顔からはこの人事に恩義を感じていることが見て取れたが、このあとこれが失望に転じないよう祈った。

とにかく戦闘態勢は整えた。あとはＴＦＴがどこまで頑張ってくれるかだ。リスク管理部にもＴＦＴを全面的に支えるよう指示を出し、時間がかかっても必ずこの問題がソフトランディングできるよう、私はその後も常に気を配り続けた。

横領事件

悪いことは続く。監査室長が慌てた様子でやってきて、この直近3月までコレクション事業部に在籍していた課長が、横領で警察に取り調べを受けているとのこと。

その課長は当時、NPLの購入ではなく売却の方を担当し、売却代金の決済後に発生する調整金を偽の会社名義口座に入金させて横領していた。警察は偽名義の銀行口座を使った犯罪調査をする過程でこれを発見し、直接被疑者を拘束した。警察の調査で初めて事件が発覚したのは、当方のチェック体制が機能していないことを明らかにした。

黒字転換を達成したら少しはプレッシャーが和らぐだろうと楽観していたが、周囲の期待水準は私の想像のはるか上を行っていた。新しい期の初月7月の月次実績を報告したら、黒字維持にもかかわらず数字が弱いと叱責を受けた。

実は社内で数々の問題を起こして最後は退職勧告をした現地職員が、この前日にSNSを通じ、貯蓄銀行を誹謗中傷するメッセージを東京本社にまで拡散していた。主要なターゲットは韓国人役員だったが、日本人派遣役員も極右勢力と表現されていた。こんなゴタゴタも関係者をいら立たせていた。

8月11日から3日連続で、中国人民銀行が人民元の為替レートを切り下げた。いわゆるチャイナショックだ。これを契機に世界中の株式市場が暴落した。韓国の株式市場も打撃を受け、ＩＢ本部が抱える有価証券で１００億ウォン近い含み損が発生した。

外部環境の不安定要因まで抱え、いまだ経営の安定化が図れないうちから高い収益水準を期待されても、「無理な話です」と言い訳したいところだった。ただこんな主張をすれば、火に油を注ぐ。

当時の私のモチベーションは、何度目かの最低ラインに達していた。そして以前、全職員向けに行った講義を、今度は中途採用者向けに実施して欲しいと経営支援本部から要請を受けていた。多少は現況に即した内容で話をしたが、脱力感に苛まれていたため熱意をもって話すことができず、聴講者の反応は鈍く思えた。

腹立ちまぎれではあったが、ＮＰＬの惨状を招いたファン理事を呼び出し、事態の深刻さを訴えた。しかし、本人は反省していないどころか、何が起こったのかさえ正確に把握していなかった。

加えて先日の横領事件の責任を問うため、当時の事業部長だった彼の減給1ヵ月を人事委員会で決定したが、これに不服を申し立ててきた。すでに彼は当月中の退任が決まっていたので、最後に言いたいことを吐き出そうと思ったのだろうが、私にとってはますますストレスがたまる出来事だった。

ちょうど同じ頃、社長就任時に取材を受けた新聞社の記者が異動となり、新しい担当者が挨拶がてら取材を申し込んできた。その記者は貯蓄銀行のこれまでの経緯を新たな目で見返したようで、率直にここまで業績が回復したことは驚きだと述べた。

その最大の要因は何かと問われ、私はしばらく考えたあと、「規律を取り戻したから」と短く答えた。記者はうなずきながらも、表情からはやや不満気な様子がうかがえた。

「銀行は国民生活に不可欠のインフラで、だからこそ行政から規制や監督を受ける立場にあり、これらは銀行経営を健全化するために存在する。よってこれらに沿って規律のある経営を維持する限り、銀行が悪くなるはずがない」と、私はこのように付け加えた。

さらに、「銀行再建以前は、その私物化、不法行為の横行、モラルの低下など、健全な経営を行うための規律がまったく働いていなかった。これを取り戻し、金融当局の指導に従って当たり前の経営を回復しただけだ」と強調した。

おそらくこれでは面白い記事にならないので、記者はやや白けた顔をしていたが、私も説明しながら本当に規律を取り戻したのかと、とっさに心の中で自問した。ここに関わる当事者が変わっただけで、実態は以前と同じではないかとの疑念を持った。

それでも確かに業績は劇的に改善中だ。相変わらず事件は相次いで起こり、問題は山積みで、今もなお私の心身は一向に休まることがない。それでもやってきたことは間違いではないと、改めて自分自身に言い聞かせた。

第5章

有終

2015年10月～2016年3月

労使協調、インターネット銀行とフィンテック

この4月に開示した通り、10月から共同代表制に移行し、イム専務は代表理事副社長に昇格した。幸い半年決算の前半3ヵ月は速報値で60億ウォン程度の黒字を確保したようで、このまま増収増益傾向を維持すれば、何とか合格点だといえよう。

会社が利益を上げ始めれば、職員が待遇改善を訴えるのは自然なことだ。この貯蓄銀行に労働組合はないが、他では活発な活動をしているところもあった。昇給昇格の再開やボーナスの復活で一定程度は職員の頑張りに応えていたので、直ちに労働組合が生まれる雰囲気はなかった。ただ、報道などで目にする組合の過激な活動は経営にとって大変な脅威になると思われ、ジュニアボード創設のプランを提案されたときは大いに賛同した。

ジュニアボードは若手や中堅職員をメンバーとする会議体で、定期的に場を設けて会社に関する様々な意見を集約し、広くそれを汲み取ることを目的とする。一方で、一種不平不満のガス抜き効果も期待していて、いずれは労使協議会に発展させ、過激な組合の設立には至らぬよう先手を打つ意味合いを持つ。私は初回と第2回のジュニアボードに参加し、簡単なスピーチを行った。日頃の職員の献身的な働きに感謝の気持ちを述べ、会社の安定

成長のためともに協力していこうと呼びかけた。

ところで、この頃の韓国は、インターネット銀行設立の話題で持ちきりだった。この話題が周囲でかまびすしくなる中、私もこれについて考えなかったわけではない。ただし、インターネット銀行が言われるほどバラ色のビジネスでないことも理解していた。

この貯蓄銀行はすでにインターネットバンキング、モバイルバンキングを導入済みだ。これらを顧客目線で機能性を高め、使い勝手を良くすることは絶対に必要だ。一方で、リアルの店舗ネットワーク機能も充実させ、複合的なチャネル戦略を進めることが庶民金融にはマッチすると考えていた。幸い新しいモバイルバンキングの開発について、担当するジョン副社長が積極的な考えを持つことがわかり、全面的にあと押しすることにした。

しかしながら、近い将来、新設のインターネット銀行が預金や個人向けローンで手強い競争相手になることは脅威だ。新銀行は貯蓄銀行があまりリーチできていない顧客層、特に若年層から支持を得ると思われ、これをいかに切り崩していくかは容易ではない。

ただし、ヒントはあった。当時は東京本社が総力をあげてフィンテック(ファイナンスとテクノロジーの融合)を推進していた。フィンテックは既存の金融秩序を破壊する力を持つ。インターネット銀行の設立で右往左往する一方で、韓国にも有望なフィンテックベンチャーが生まれていた。日本からの支援を仰ぎつつ、韓国で勃興するフィンテックを取り込めば、新規参入からの脅威を切り抜け、メガバンクの先にすら進めるかもしれない。

Mプロジェクト

法定貸出上限金利の引き下げが、再び実施されることが確定的になった。2014年4月に34・9％への引き下げが行われてから、丸2年も経たずに改定されることになる。韓国政府は日本の法定貸出上限金利（貸出金額に応じて年15～20％）を意識している模様で、これからも段階的な引き下げが続くと予想された。

今回は政権与党が従来比5・0％引き下げの29・9％を主張し、野党は一気に10・0％の引き下げを主張していた。11月最後の週末に金融業界の関係者とゴルフに興じていたさなか、その関係者の一人が金融当局から得た速報として、貸出上限金利は27・9％で与野党合意したと教えてくれた。これで上限金利の引き下げは近々実施の見通しとなった。

個人的に上限金利の引き下げは、慎重な取り扱いが必要であると考える。政府が人気取りで拙速にこれを実施すると、低信用者ほど市場からキックアウトされ、非合法な超高金利の貸金業者、いわゆる闇金にこれらが流入しかねない。

低信用者ほど一定のデフォルトリスクがあるのは事実で、それに見合う金利で貸出することは、一種相互扶助の仕組みを提供するものではないか。一部デフォルトする債務者が出たとしても、他の債務者が高金利を負担することで、貸出の仕組み自体は維持できる。乱暴な考え方かもしれないが、厳格な監督の下、一定の高金利許容は必要悪と思えた。ただし貯蓄銀行に限っていえば、上限金利の引き下げは望ましい施策だと思う。基本的に貯蓄銀行は1桁パーセント台前半の金利で預金を集めるが、それを個人向け信用貸出で30％以上もの金利を課すのは、果たしていかがなものかと思っていた。

もちろん暴利を貪ろうとの意図はなく、顧客が低信用者ならそれだけの金利設定をせざるを得ない。預金顧客と貸出顧客の信用属性が違うから、仕方がないといえばそうなのだが、調達と運用のリスク・リターンのミスマッチがあまりに大きいことに、当初から違和感を持っていた。いずれ貯蓄銀行は貸出顧客の信用属性をより健全なレンジにシフトし、中金利や低金利の貸出を推進することが理にかなうと考えていた。

前年にUスマイルローンという中金利貸出商品を投入したが、あまり残高を伸ばせずにいた。しかし、リテールはさらに踏み込んだ戦略的中金利貸出商品の開発を、水面下で着々と進めていた。

初めてMプロジェクトについて説明を受けたとき、「我が意を得たり」と思わず膝を打った。「M」は中金利を指すMiddleからきているが、商品リリースまでに正式なブランドを考えるとのこと。このMプロジェクトのため、私があまり好きではないTFT（Task Force Team）をつくるそうだが、これにはもちろん大賛成だった。

ＭプロジェクトのＴＦＴ長によると、検討中の新商品は8～16％の貸出金利帯を主戦場とし、大手クレジットカード会社のマーケットにチャレンジするとのこと。最高金利は14・9％と思い切った水準に抑え、インパクトを高める。貸出募集代理人は使わず、新たに開発するモバイルアプリ中心の申込受付を行う。そして印象的な新ブランドを採用し、マーケティングでは貯蓄銀行の名前や関連呼称を消去し、そこに紐付く高金利のイメージを払拭する。モバイルアプリを通じた申込みも徹底的に簡素化し、顧客の手間を従来の半分以下に抑えることを目指す。実に素晴らしいコンセプトで、唸るほど感心した。

いろいろと乗り越えるべき課題に直面したようだが、ＭプロジェクトＴＦＴは意欲的にこの新商品開発に取り組み、いよいよ12月上旬にソフトオープン、年明け1月初めからグランドオープンのスケジュールが決定された。

その貸出金利帯は6・9～13・5％に設定されていて、最高金利はさらに引き下げられた。対象顧客の信用等級は1～6等級とし、これまでリーチできていなかったプライム顧客層に挑戦する。新ブランドも「サイダ」と名付けられた。

サイダの「サイ」には韓国語で『間(あいだ)』の意味があるそうだ。つまり中金利帯を示す。これに加えて飲料の「サイダー」にも引っかけている。韓国の若者の間では何か問題が解決してスカッとすると、飲料の風味になぞらえて、「サイダー！」と表現することがあるそうで、ここにもネーミングのひねりが入っていた。

直前に一部モバイルアプリの変更が必要となり、ソフトオープンは2週間遅延したが、サイダはスタートから大注目を集め、年初のグランドオープンは好調な滑り出しだった。あるメガバンクが類似する貸出商品を先行リリースしていたが、サイダの当初実績はその3倍で推移したとのこと。元々低金利のメガバンクが中金利商品を出すよりも、元々高金利の貯蓄銀行がそれを出す方が、インパクトははるかに大きいということだ。

サイダ単体の1月末までの実績は176億ウォンとなり、2月は90億ウォンと勢いを失ったように見えたが、3月は再び盛り返していた。この実績以外にも貯蓄銀行が金利引き下げに意欲的な取り組みを行ったことが話題となり、多くのマスコミに取り上げられた。ついには主要経済誌が主催する金融フォーラムで、金融委員長賞を受賞する栄誉に浴した。実は貯蓄銀行としてこれを受賞するのは史上初めてで、異例かつ相当な名誉だとのこと。

順風満帆にスタートを切ったサイダだが、すぐに利益貢献するとは露ほども思っていなかった。むしろサイダ単体で黒字化するのは数年かかると踏んでいた。しかし、まったく問題はなかった。この革新的な商品を、ここでリリースしたことに最大の意義があった。

サイダは従来に比して金利を下げるので、当然収益性は落ちる。これに見合って顧客の信用属性の改善が進むので、いずれはこれを高めていくはずだが、一定の残高規模を超えてこないとこの図式が上手く成立しないのは、これまでの経験則で理解していた。それでもまずはいち早く、このマーケットを取りに行くことが重要というわけだ。

固定以下与信比率の低減

11月末に上半期業績を予定通り開示した。2015年12月期は半年決算なので、この上半期の対象期間は7月から9月までの3ヵ月だけとなる。黒字転換を果たした2015年6月期の流れを受けて業績は極めて順調に推移し、営業収益は1100億ウォン（前年同期間比▲13億ウォン）、当期純利益は59億ウォン（同＋258億ウォン）となった。

8月のチャイナショックの発生で有価証券関連収益が足を引っ張ったことと、予期せぬ営業外損失が発生したが、リテールが貸出残高の拡大とともに利益を伸ばしたことや、債権管理部門が無難に回収を進めたことで、毎月次で黒字を確保する経営が維持された。

安全性の指標は自己資本比率が11・6％と十分なレベルを維持していた。また、固定以下与信比率（不良債権比率）に着目すると、この9月末時点で24・6％だった。3ヵ月前の6月末時点では27・7％なので、継続して改善傾向だった。

2年前の9月末にこの比率が50％を超えていたことを考えると、大幅な改善といえるのだが、引き続き高い水準にあるのも事実だ。他行は概ねこの比率が10％を下回っていた。貸出の四分の一がまだ不良化している状態で、経営正常化を主張するのはさすがにはばかられる。通期黒字達成の一方で、この不良債権比率を減らす戦いはまだ道半ばだ。

まず次の12月末までに、固定以下与信比率を20%未満にできないか。そしてその先は、この比率を早く10%未満にできないか。ここまで達してこそ、真に銀行再建が実現するのだと考えを改めた。良い銀行になる道に終わりはないのかもしれず、一つ課題を克服すればさらなる高みを目指し、新しい課題の克服を目指していく。長くて困難な道のりかもしれないが、ここに来て実にやりがいのある仕事に思えてきた。

この頃、ある有力な中国の企業集団と東京本社との間で、事業提携に関する話が進行していた。今やこの貯蓄銀行は良くも悪くもグループ内で無視できない存在として認知され、かかる検討に際して重要な調査対象となり得た。中国から先方のトップが直々に貯蓄銀行を見にくるので、善処せよとの指示を受けた。再建も順調に進んでそれ自体に問題はなかったが、一つ困ったことが起きていた。ある債権回収に絡み、本社前の広場で10名以上が横断幕やプラカードを掲げ、終日抗議デモを行っていた。

これは不動産開発案件向けの延滞貸出を回収するため、デベロッパーに担保不動産付きで貸出債権の売却を行ったが、そのデベロッパーが既存の分譲不動産購入者の権利を侵害する行動を取ったため、このような抗議デモにつながったものだ。当方には直接の罪がないのだが、デモ対象にうってつけとの理由で狙われた。一日中激しく抗議活動が行われているところをこの中国人トップに見られたら、マイナス評価も甚だしい。

当地のこのようなデモは、アルバイトを雇って行われることが多い。一定時刻になると撤収するので、たぶん日給制なのだろう。韓国語の録音テープで訴えている内容はよく理解できないが、社長の個人名も大音量で連呼されていた。昼休みに目の前をウロウロしてみたが、誰もデモ対象の社長の顔を知らないようだ。

とにかく近所迷惑でもあるので担当部署に対処を指示したが、どうにもスピード感に欠けていた。まもなく中国から訪問団が来てしまう。どうしたものかと困っていたら、神風が吹いた。翌週初めから同じ場所で公共広告の青空展示会が開催されることになり、デモは脇へ追いやられる上、音出しも禁止される。これなら中国人に気付かれずに済む。

企業集団の一行は予定通りソウルにやってきた。事前にリクエストがあり、多分に盛り付けを行った普通銀行への転換計画をアピールした。前からこの構想を練ってきたことは前述した通りだが、当地の実情を知るほどに簡単ではないことが明らかとなり、少なくとも私の在任中に進行することはないとあきらめていた。しかし、中国人の前向きな関心を引き付ける目的で、プレゼンの場であえてこれをぶち上げた。

無事に説明を終えて一行を送り出したあと、再びデモの様子をのぞきに行った。横断幕はそのまま残っていたが、もはや誰もそこに残っていなかった。あれだけ大騒ぎして周辺にも迷惑をかけ、こちらも大いに気をもんだ割には、最後は実にあっさりしたものだと妙におかしくなった。

社会貢献活動

韓国では民間企業による社会貢献活動が盛んだ。ただ、そこに自己満足や偽善、企業イメージ向上といった狙いが多分に含まれていたら、社会に対する冒瀆《ぼうとく》にもなるだろう。どうやらいくつかの企業はこれに該当するように思えた。事実、かかる活動はマスコミに取り上げられることが多いが、企業側から予め取材依頼し、奉仕とはほど遠い人相の幹部役員がにこやかに活動する様子が、翌朝に写真付きの記事で伝えられる。

以前はこの貯蓄銀行も毎シーズン役職員総出でキムチを漬け込み、施設などに配布する活動を実施していたそうだが、銀行不良化以降、活動は中止していた。何よりも経営再建が最優先で、企業はまず本業において世間に付加価値を生み出すことが第一の社会貢献活動だ。ただ、黒字転換は果たしたので、イム副社長はさっそく活動の再開を企画した。

11月下旬のある日の朝、その日の午後に生活困窮者の施設に対し、厳冬に備えて練炭や布団を配布する活動が行われると聞いた。本社職員の多くが業務時間中に不在になるとのこと。私は活動が休日か業務時間外に行われると思い込んでいたので、この話を聞いて一瞬とまどった。担当していた広報部長を呼んで事情を尋ねると、休日はゴルフなので活動は平日に実施するよう上から指示があったとのこと。

翌日、満面の笑みでリヤカーを引くイム副社長の写真が新聞に掲載された。記事全般は好意的な内容だったので、これぐらいのスタンドプレイはご愛敬と思うことにした。

ところが年末が迫った頃、広報部長が別の新聞を持ってやってきて、この貯蓄銀行が社会貢献活動を再開するに際し、日本人社長がなぜ平日に実施するのか疑問を投げかけたとの内容が、そのまま批判的な記事になっているとのこと。広報部長は同情するそぶりを見せていたが、リークしたのは彼以外に考えられない。

その頃は通称キム・ヨンラン法といわれる法律が成立したところで、今後は民間企業から公職者やマスコミへの接待、金品授受が厳しく規制されることになっていた。その施行に備え、各記者に対して実施してきた便宜供与の実態について、広報部長には詳細な報告を行うように指示していた。これはその当てつけではないかと思う。

実はマスコミ対策で、不要な新聞広告の発注や記者個人に対する物品贈答、飲食接待などの便宜供与は、広範かつ頻繁に行われていた。上級クラスのマスコミの記者でさえ、ネガティブな記事の掲載をちらつかせて堂々と要求してくることがあった。これはごく一般的な慣習で、だからこそこの法律が成立したことで、国中がひっくり返っていた。

マスコミの矜持はないのかと腹立たしく思うが、ここで突っぱねたら嫌がらせで根も葉もない批判記事を書かれるだけだ。ある程度は見て見ぬふりを決め込むしかなかった。

2015年の総括と、2016年の三つの目標

毎年12月から翌年にかけては新入社員を受け入れる時期で、今回はテラーを12名採用して本支店に配属し、年明け入社予定の総合職には15名に採用通知を出した。若者の就職難は相変わらずで、新卒採用は引き続き買い手市場だ。

同じ頃、女性家族部という中央官庁から職員に親和的な企業として表彰してもらえることになり、その授賞式に出席した。職員に対して特別なことをしたとは思わないが、経営が正常化するといろいろなところから声が掛かるらしい。こちらも大変名誉なことのようで、テレビでも見たことのある長官からありがたく賞状を頂戴した。

この女性家族部は日韓両国の懸案である従軍慰安婦問題について、被害女性の名誉と尊厳の回復を司る官庁でもある。日本人がのこのこと出向いて良いのか心配したが、何の問題も起きなかった。まさかこの翌週、この問題の不可逆的な解決を確認する日韓合意がこソウルで締結されるとは、思ってもみなかった。当時の保守政権も従来同様、厳しい対日外交姿勢を保っていたので、突然の合意は意外だった。

間もなく2015年が終わろうとしていた。結局この年も韓国駐在のまま越年となっ

た。しかも想定外に社長にまでなってしまった。このまま行けば4年目に突入しそうだ。

前述したように、私は２０１５年の目標として、「金融中心街への本社移転」「良質な貸出資産の拡大」「5年ぶりの通期黒字」の三つを定めていたが、すべてを達成することができた。２０１４年の目標達成に続いてこの結果を残せたことは、全役職員の献身的な奮闘と努力が生み出した、実に賞賛すべき成果だ。

この年末は半年決算の期末となる。社長として2回の決算期末を経るわけだが、当期は１７０億ウォンほどの黒字で着地すると見込んでおり、いずれも黒字を達成できたことは幸運なことだと感謝した。新たに迎える２０１６年の目標はすでに頭の中にあり、年初に役職員の前で宣言するつもりだった。ただし年々帰任の可能性が高くなっていて、最後までこれにコミットメントできるかどうかわからない。

年末には一つショックな出来事があった。職員の横領がまたしても発覚した。今回は顧客資金からの横領で、絶対にあってはならない事件だ。しかもその職員はベテランの指導的立場にある職位者で、営業成績も優秀な支店のテラーだった。支店訪問や研修を通じて私も交流があったので、事件を聞いたときは信じられなかった。

彼女はバンカシュランスといわれる保険の窓口販売で高い実績を上げる一方、顧客から預かった資金を私的流用していた。彼女自身が検閲を行う役職者だったので牽制が効かなかった。発覚して彼女はすぐ罪を認め、知人から何とか用立てて全額弁済するそうだ。

しかし、銀行で顧客資金に手を付けた罪は重く、全額弁済で訴追こそ免れても懲戒免職は避けられない。彼女の今後の苦難を考えると、胸が締めつけられる気分になった。

銀行再建を何とか進めてきた一方で、このような事件が起こってしまったことは、再建の過程で生まれた光と影なのかもしれない。不良化が進行したときから、職員は待遇面で不利益を受けてきただけではなく、精神的にも大きな不安を抱えてきた。生活の糧を失うかもしれない恐怖の中で、日々を過ごしてきた。

その中で職員が歯を食いしばり頑張ったことで、会社が立ち直り待遇面は回復し、失職の不安もなくなった。しかし、そこまでの5年間は長すぎたのかもしれない。彼らの心身に様々なひずみを生み出したことが、不祥事の根底にある要因だろう。

正月三が日を日本の自宅で過ごし、1月3日の夜にソウルに戻った。4日は朝から始務式があり、私はそこで前年の振り返りと新年の目標について、集まったすべての本社役職員の前で話をした。その場で掲げた2016年の三つの目標は、次の通りだ。

①中金利貸出商品の円滑な導入　②固定以下与信比率を10％未満にする
③継続的な黒字の維持

ちょうどサイダをリリースした直後だが、法定貸出上限金利の今後一層の引き下げ有無にかかわらず、中長期的な発展のためには中金利貸出商品の導入は必ず取り組むべき最重要課題だと強調し、全役職員が主体的に取り組んで欲しいとお願いした。そして目の前の役職員に対し、社運をかけて絶対にこれを成功させると宣言した。

次に２０１５年末の固定以下与信比率（不良債権比率）は、20％未満への引き下げを達成できた模様で、今年も継続的に不良債権の処理を進め、年末までにこれを10％未満に下げることを目標として掲げた。これが達成できれば他行と遜色ない資産内容を回復したといえるので、ぜひやり遂げたいと話した。

三つ目の継続的な黒字の維持は、すでに２０１５年６月期で黒字転換を果たし、半年決算の２０１５年12月期も黒字を維持できた見通しで、もはや黒字基調は定着したように思えた。しかし、２０１６年の外部環境は決してたやすいものではなく、簡単に今期も利益が出せると考えてはいけないと戒め、常に危機意識を持って臨もうと訴えた。

最後に業務を通じて社会に貢献する企業になるため、これからも力を合わせて頑張ろうと述べ、この期初のスピーチを締めくくった。

前年まで私が掲げていた目標は、あくまで個人的な目標の位置付けだった。今年は社長の立場で掲げており、これは個人目標と同時に会社全体の目標だといえる。全体の目標になる以上、わかりやすくて結果の白黒がはっきりするものが良い。今の勢いなら、今回もすべての目標を達成することは不可能ではない。

成功体験の積み重ねによって役職員が徐々に自信を深めていき、中長期的に安定した経営につながっていくことが望ましいだろう。

2015年12月期決算

2015年12月期の決算がほぼ固まった。期末からわずか5営業日で数字が出てきたのは、経理スタッフの目を見張るような成長ぶりを示している。

■営業収益　2288億ウォン（前下半期比▲146億ウォン）
■当期純利益　172億ウォン（同比　▲129億ウォン）
■貸出残高　3兆2656億ウォン（前期末比＋2087億ウォン）
■自己資本金額　3952億ウォン（同比　＋202億ウォン）
■自己資本比率　11・4％（同比　▲0・1％）
■固定以下与信比率　19・9％（同比　▲7・7％）

ここで当期純利益が200億ウォンを超える可能性もあったが、半年決算で無理することもなかろうということで、貸倒引当金を保守的に積むことにした。通常ならば損益状況の比較対象は前上半期（2014年7～12月）だが、この期中に4行合併を行った関係で、今回は前下半期（2015年1〜6月）との比較とした。結果は減収減益だ。

前下半期は債権回収益や有価証券等売買益からの一過性利益を多く含んでいたが、終わったばかりの決算はこれらが減って、貸出金利からの安定した利益の割合が増えている。従って減収減益でも心配する必要はない。貸出残高も順調に伸びていた。

安全性の指標は、自己資本金額も自己資本比率も問題ない。最大の成果は、固定以下与信比率が20％未満になったことだ。これで同比率10％未満への到達も視野に入ってきた。

今回の通期決算の結果以外に、私が業績に関してさらに自信を深めたことがある。それは社長に就任してから必ずチェックしてきた、1日当たり平均金利収入についてだ。この指標は貸出残高が積み上がっていけば、これに比例してどんどん増加していくものだ。

そしてこれがどのタイミングで10億ウォンを超えてくるかが、私の専らの関心事だった。1日当たり平均金利収入は2013年10月以降ずっとこの金額を下回っていたが、ついにこの12月にこれを突破し、10・1億ウォンを記録した。

この指標に注目した理由は、債権回収損益や有価証券等売買損益といった一過性損益を除外して、銀行の本源的収入である貸出金利収入だけで総コストをカバーし、安定して利益を出せる水準か否かを判別するためだ。

具体的な数字で示すと、この貯蓄銀行のコストは預金利息、一般販売管理費、与信関連費用が年間約1000億ウォンずつで計算される。他に預金保険料など雑多な費用が

600億ウォンぐらいあり、つまり総コストは年間約3600億ウォンと見積もられる。

これで理解可能と思われるが、毎日10億ウォンの金利収入を上げ続ければ、これだけで総コストをカバーし、全体で年間収支がプラスに転じる。さらに金利収入を上げて行けば、それがそのまま超過利益となる。

直近の2015年12月期とその前の2015年6月期の黒字は、債権回収益や有価証券等売買益といった一過性利益で稼いだ側面が強い。2015年6月期は特にそうであった。しかし、これでは本当に経営が安定したとは言い難い。これから始まる2016年12月期は、期初から総コストを十分カバーできる金利収入の土台ができているので、黒字継続に自信を持って臨めるのだ。

この事実は全体のコスト構造の解説とともに、2月の社長メッセージで全役職員に伝えた。ジュニアボードを通じて各職員が会社経営の現況に思った以上に関心を持っていることがわかり、これを説明するのにうってつけだと考えたからだ。同時に貸出金利収入と貸出残高の積み上げがいかに重要か、改めて強調する意味合いもあった。

メッセージでは1日当たり平均金利収入が11億ウォン、続いて12億ウォンになると、年間利益は365億ウォン、730億ウォンに増えるのだとの数字を示し、さらにあおり立てた。もちろんコスト構造も変化するのでこのように単純にはいかないのだが、役職員は今後の利益拡大のイメージを肌感覚で理解できたことだろう。

過去最高益更新への挑戦

前述の通り、東京本社はいち早くフィンテック推進にグループを挙げて取り組んでいた。貯蓄銀行でも外部のフィンテックベンチャーとの連携を開始し、フィンテックを推進する専門部署の設置も検討していた。役職員にも高い関心を持ってもらい、全社的な推進をしたいと考え、3月の社長メッセージのテーマとしても取り上げた。

役職員にはインターネット銀行の設立がフィンテックだと誤解している向きもあったので、メッセージではこのようなチャネルの拡大ではなく、金融の根本を覆す可能性を秘めたテクノロジーの進化こそがフィンテックだと説いた。ブロックチェーンやビッグデータ、AIといったキーワードをできるだけ簡単に解説し、みなの関心を高めようとした。

意外と言っては失礼だが、社内で最高齢グループに属するジョン副社長が、ここに最も高い関心を示していた。フィンテックベンチャーとの協業はリテールこそ取り組みやすいと思ったので、部門責任者自身が強力に推進してくれそうだと大いに期待できた。

まだ1ヵ月残してはいたが、2016年12月期の第1四半期（1～3月）の当期純利益は120億ウォン程度で着地すると見込まれていた。年明け早々に北朝鮮が初の水爆実験を成功させ、にわかに地政学的リスクが高まっていたこともあり、株式市況は軟調に推移していた。そのためIB本部で保有する有価証券に100億ウォンを超える含み損が発生していたが、仮にこれが一部実現しても、他からの利益がカバーして有り余るものだ。

もしこの調子で年間を通すことができれば、2009年6月期に記録した当期純利益の過去最高596億ウォンを、ここで一気に塗り替えられるかもしれない。

リテールの貸出増加が顕著だ。特に主力のバビルローンが絶好調で、2月は営業日数が少ないにもかかわらず実行額は900億ウォンを超えた。これは前年同月比でゆうに2倍を超える水準だ。貸出上限金利27・9%への引き下げの実施が近いと予想されていたが、この調子だと影響は案外と少ないかもしれない。そしてリテールの扱う貸出残高は、間もなく1・8兆ウォンを超えようとしていた。

2年前にジョン副社長と初めて面談をしたとき、私は意地悪く2年で貸出残高を2倍にしてくれとお願いした。当時のリテールの貸出残高は1兆ウォンを割り込み、毎月の新規貸出金額はやっと300億ウォンを超えるかどうかだった。返済や延滞の増加が進む中、これはかなり無茶なリクエストだったが、彼はこの無茶を実現していた。

順風満帆なときこそチャレンジすべき好機だ。各本部の年間目標の改定は最終的なコンセンサスが取れていなかったが、叩き台の数字を合計し、進行中の当期に634億ウォンの純利益を目指すとして、私は全役員の前で過去最高益更新への挑戦を宣言した。

帰任命令

ところがこの翌週の3月10日に東京本社から連絡があり、「当月いっぱいで日本に帰任のこと」との内示を受けた。すでに勝地さんにもこれに関して事務的な指示が出されていたようで、その対応で混乱している様子だったが、私の帰任の事実は受け入れていた。月末まであまり時間もなく、すぐに準備を始めるため帰任を社内で公表しようとしたら、伝えるのは必要最小限の範囲にして、まだしばらくこの事実を広めるなと止められた。経営会議の場で役員たちには発表したかったのだが、それもままならず、モチベーションが高まらないまま議事を進行する羽目になった。

とりあえず、帰国便や引っ越しの手配を自身で粛々と進めることにした。そのさなか、月次の本支店長会議とその懇親会が予定されていたので、本支店長らに会える機会はおそらくこれが最後だと思い、久々に飛び入りで参加した。もちろん帰任のことは内緒だ。

懇親会終了後、支店管理部で本支店長会議を仕切っていた玄君だけには帰任することをこっそり教えたら、とても驚いてすぐに東京本社に直談判するというから、「それはルール違反で良いことはないから止めろ」と慌てて言い聞かせた。

ちょっと考えたが、通訳兼秘書のパク・ジョンウンさんにも早めに話をした。彼女は勝地さんのところで引き続き同様な業務をしてもらうことになっていたので、あとのことを心配する必要はなかった。

私から直接帰任の報を聞いたとき、彼女はほとんど取り乱すこともなく、「それが今は一番良いですね」と言った。彼女は苦労する私をずっと間近に見続けてきたので、心配して本心からこう言ってくれたのだろう。

玄君に話した以上は蓮池君にも伝えねばと思い、夕食に誘い出して話をした。彼もとてもびっくりして、「もしこの事実を知ったら多くの職員が会社の今後に不安を感じるだろう」と心配した。彼は言葉ができて若いので現地職員も胸襟を開きやすく、日頃から彼らの本音をよく把握していたので、この見立ては確かなのかもしれない。

同じ頃に戦略的中金利貸出商品サイダのおかげで、大手日刊経済紙から金融商品大賞の特別賞を受けることになり、授賞式への参加を要請された。ジョン副社長に出てもらってとお願いしたが、主催者側から社長参加のリクエストがあり、気が進まないながらも出席した。本件も貯蓄銀行としては異例の受賞で、大変光栄なことだそうだ。

授賞式では多数の韓国金融業界の重鎮に交じり、つくり笑いに終始したが、もの珍しかったのか次々と多くの人たちから好意的に話しかけられた。まさか翌週に社長を退任して帰国予定とは、その場の誰もが想像していなかっただろう。

別れの挨拶

勝地さんから貯蓄銀行の新体制について、なかなか確定事項の連絡がこないと聞かされた。イム副社長が社長に昇格するだけだと思っていたが、ジョン副社長についても何らかの人事が発せられるのかもしれない。そんなさなかにその当人と話をする機会があった。すでに彼は私の帰任は認識していて、会社が安定して彼も持ち場のリテールの仕事に専念できるはずだったのに、「急にこんなことになったのはとても残念だ」と言った。

数日して東京本社から新体制の概要が伝えられた。イム副社長の社長昇格に加え、ジョン副社長も代表権を持つことで、引き続き共同代表制を取ることになった。イム新社長はIB本部と債権管理本部、経営支援本部が戦略企画本部を吸収した経営戦略本部を主管し、ジョン副社長はリテール本部と与信営業本部、財務管理本部がリスク管理本部を吸収した財務リスク管理本部を主管する。これで会社が完全に二分される形になった。なお、勝地さんは常務から専務に昇格し、より強固に共同代表を支える役割を担うことになった。

社長としての最終週は、ほとんどの時間を社外で世話になった人々への挨拶周りに費やした。監査法人、法律事務所、現地証券会社、日系金融機関、懇意になったマスコミなどを順次訪問し、ありがたいことに誰もがただ名残を惜しんでくれた。いくつかの先々では送別のランチやディナーをごちそうになり、連日連夜の暴飲暴食で体調を崩しかけたが、これが最後と気力で乗り切った。

パク・ジョンウンさんとは審査部で翻訳を手伝ってくれた契約社員の女性と一緒に、送別ランチに付き合ってもらった。私は彼女から誕生日にもらった大ぶりのマグカップに、ずっと釣り銭のコインを貯め込んでいた。彼女が結婚するときにこれをお祝い金として渡すねと、半ば冗談で約束していた。結局これはこの日のランチ代に変わった。

最終出社日の前日、私は最後の与信審査委員会に出席した。社長就任後はしばらく控えていたが、共同代表制に変わったどさくさで、再び委員会への出席を復活させていた。

最初の委員会の様子はよく覚えていて、重苦しい雰囲気の中で長時間の質疑が行われた。今では効率的かつ厳正な審議が行われ、持ち込まれる新規案件も良質なものがますます増えている。私が心血を注いだこの与信審査のシステムこそが、韓国で取り組んできたことの結晶であり、誇りだった。

いつも私を助けてくれたリスク管理部長は、餞別の品として私の名刺の純金製レプリカをプレゼントしてくれた。裏返すと日本語で「正義は勝つ！」と書いてある。これを見たときは思わず声を上げて笑った。執務室に一時的に掲げ、現地役職員の間で秘かにだが大いに話題になったこの言葉は、最後まで彼らの中で私を象徴し続ける言葉になっていた。

最終の3月25日は、代表理事社長としての最後の仕事である、定時株主総会議長の務めをつつがなく取り仕切った。総会後の理事会に私はもう参加する資格がなかったのだが、会の初めに声を掛けてもらい、理事会メンバーの前で別れの挨拶をさせてもらった。ほぼ3年間の付き合いとなった社外理事のみなさんとは一人ひとり固い握手をし、温かく見送ってもらった。

執務室から最後の荷物を運び出していると、代わる代わる職員が別れの挨拶にきてくれた。若手の中には涙ぐんでいる者もいて、ついこちらも目頭が潤みそうになったが、何とかこらえきった。

帰任が決まってから最終出社日までの間、あえて内部の送別会の類は避け、申し入れがあっても先約があることを理由に断っていた。こんな私の態度を多くの役職員が水臭いと思っただろう。湿っぽいのは照れ臭いとの理由もあったが、離任していく者に無用な未練を引きずってもらってもろくなことにはならない。さっさと頭を切り替えて、次の経営体制にだけ目を向けてもらいたいと思った。

帰国日は3月31日で、まだしばらく時間があった。ほとんどの荷物は航空便で搬出してしまい、滞在したサービスアパートの部屋はがらんとしていた。勝地さんからはさっそく泣きのメールが入ってきていて、各役員が勝手なことを言い始め、事業計画達成のことなどまったく眼中にないと愚痴をこぼしていた。

この他にBlindというSNSがあって、同じ組織に属する者同士が匿名で意見交換をする場であるそうだが、この貯蓄銀行のスレッドには今回の社長退任に不満と不安を訴えるコメントが多数寄せられていて、対応部署が困っていると聞こえてきた。

役職員が私の社長退任をネガティブに感じたことで、このとき自尊心をくすぐられたのは確かだが、経営再建を果たしたこの貯蓄銀行は数字の上だけではなく、その体質、格好良く言えばDNAレベルでも、十分に変異していると確信していた。

以前に新聞記者との対話の中で、銀行再建に成功した最大の要因は何かと問われ、「規律を取り戻したから」と答えたが、実際それは着実に成し遂げられていたと思う。不正融資や私的な利権利得への介入は、もはや過去の物と化した。今後これらが再発する気配があろうと、今はこの貯蓄銀行は十分な耐性を持っている。そして何よりも今後は役職員一人ひとりが、私の代わりにこの規律を守る防波堤となっていかなければならない。

社内の送別会は避け続けていたが、キム常務からそれではみな気持ちの整理がつかないと説得され、役員送別会だけは開いてもらうことにした。驚いたのはこの短期間に、私の在任中の写真や新聞記事、そして多くの役職員の寄せ書きが入った、立派な卒業アルバムを作成してくれていたことだ。そればかりか私の似顔絵と感謝のメッセージが記された大ぶりのメモリアルプレートまであつらえ、餞別の品として贈ってくれた。他にも各人からたくさんの餞別の品を頂いた。実に情に厚いお国柄なのだと改めて感じ入った。

機上から見た漢江

帰国日はひっそりと一人で金浦空港に向かうつもりだった。見送りにこられると涙腺が緩んで恥ずかしい姿をさらしてしまうかもしれない。社用車すら断ってタクシーで向かおうと考えたが、運転手のチョ・ゼホさんが絶対にそれを許してはくれなかった。

チョ・ゼホさんと出会えたことは、私が韓国で巡り合った数少ない幸運の一つといっていい。これからは勝地さんのドライバーとして雇用は維持されるので、あとのことは心配していなかった。しかし、彼との別れ際は湿っぽくなってしまうなと覚悟した。

他にも勝地さんやパク・ジョンウンさん、複数名の職員も空港まで見送りにきてくれた。業務時間中なので一応固辞したが、無理には止めなかった。

空港に着いたとき、チョ・ゼホさんが私を車から降ろしたところで別れの挨拶をしてきた。とても正常な気持ちで出国ゲートまで見送る自信がないとのこと。それを聞いて、また心にぐっときてしまった。

チェックインを済ませ、しばらく見送りの面々と言葉を交わしたあと、全員に最後の別れの挨拶を済ませると、事前の予想に反して私は淡々と出国ゲートに向かった。出国審査場は混んでおらず、私の背中は見送りの人たちの視界からあっという間に消えていったと思う。そのときにはもう、気持ちの切り替えが済んでいたようだ。

フライトは定刻通りの出発予定で、私は優先搭乗の列から予約していた機内のシートに早々と納まった。ここまではいつも通りだが、今回は通常予約する通路側の席ではなく、初めて窓側の席を指定していた。最後にソウルの街並みを機上から眺めてみたいと思ったからだ。

テイクオフ直後に機内の窓から眺めたソウルは、初めて訪れたときにホテルの高層階から眺めた街並みと同じで、どこか日本の地方都市みたいな景色だった。ここに予想外にも3年余り住んでいたのかと思うと、何か不思議な感じがした。

窓枠に頬杖をついて上空から覗き込んでいると、目の前にパッと漢江が拡がってきた。ソウルを南北に分断するこの大河川はまさにこの街の象徴だろう。1960年代半ば以降の韓国の急速な経済発展を「漢江の奇跡」と表現するのも、よくわかるような気がした。実に雄大な眺めで、まるで海みたいだと思った。

一瞬、時間が止まったかのような錯覚を覚えた。これまでの心の葛藤が何事もなかったかのように、わだかまりがスッと消えていく。機上から見える漢江のフラットな水面に、全身が吸い込まれていくようだった。

このときになって初めて終わったなと、心から安堵した気持ちになれた。

エピローグ

その日は朝から仕事にあまり身が入らなかった。韓国から戻って10ヵ月が経過し、食生活の改善と飲酒量の減少で体重は5kgほど落ちて体調もすこぶる良くなり、日々快適に過ごしていた。何より精神的なストレスがなくなり、毎日のほほんと過ごしていると、これでは自堕落な生活にはまってしまうと心配になる。しかし、その日だけは久しぶりにナーバスになっていた。

その2017年1月末日は、東京本社の第3四半期決算発表が予定されていて、早く結果を知りたくてうずうずしていた。ただし知りたかったのは東京本社の決算内容ではなく、説明資料に含まれているはずの、貯蓄銀行の2016年12月期決算の数字だった。

貯蓄銀行の通期決算は、通常は期末から3ヵ月後に公示されるので、本来であればこの2ヵ月先の3月末に明らかになる。しかし、日本の親会社の決算発表の中で、連結子会社の数字も先行して開示されるため、期末から1ヵ月後のこの日に知ることができた。

引き続きソウルに留まる勝地さんとはたまに連絡を取り合っていて、その会話の中で決算の着地見通しを何度か聞き出そうと試みた。しかし、すでにグループのメンバーではなくなった私には、当然ながら絶対に教えてくれなかった。

この通期決算で私が最も知りたかったのは、過去最高益更新の有無だった。すでに公示された9月までの利益水準で、この更新はほぼ間違いないと予測はしていた。しかし、いざ蓋を開けてみれば、一過性損失の計上で未達ということもあり得る。

過去の最高益は２００９年6月期の当期純利益５９６億ウォンだ。この時期はＰＦ貸出の実行で大きく利益を計上していた時期で、その後はＰＦ貸出が銀行不良化の主因に転化したことを考えれば、これは地に足の着いた最高益とは言い難い。今回は実質破綻状態を乗り越えて見事に再建を果たした貯蓄銀行が、短期間で正真正銘の最高益を計上するか否かという、まるで小説かドラマの中のような話だ。

この通期において、私は第１四半期の３ヵ月しか関与していない。それでも年初の社長スピーチで述べた三つの目標の一つが「継続的な黒字の維持」で、ここには秘かに過去最高益の更新という野心を込めていたので、今は貯蓄銀行どころかグループすら離れてしまった私にとっても、これは最大の関心事だった。

16時半から決算説明会が始まった。私はその会場にアクセスできないので、同時に東京本社のホームページに掲載された説明会用のスライドを、高ぶる気持ちを抑えながらクリックしてめくっていった。該当頁に達したとき、すぐに７４０という数字が目に飛び込んできた。７４０億ウォンは堂々たる過去最高益の更新だ。

さらに、最高益の更新に加えて貸出全体の延滞率が10%を下回り、9・6%と明示されていた。2013年9月の最大時には51・6%まで達した延滞率が、ついにこのレベルまで低下した。これには3年以上かかったが、むしろ一つひとつの地道な不良債権回収と新規延滞発生の抑制で、ここまで延滞率を下げてきたことが本当に奇跡だといえる。

不良債権比率の低減も年初の目標の一つであって、「固定以下与信比率を10%未満とする」と掲げていた。不良債権の割合を示す固定以下与信比率は貸出全体の延滞率と完全にはイコールではないが、ほぼ近接して連動するので、勝地さんに確認するまでもなくこの目標も達成されたのだと確信できた（後日、固定以下与信比率は9・9%と開示）。

私のために説明会の発表内容を選んでくれたはずはないが、年初の三つの目標の最後の一つ、「中金利貸出商品の円滑な導入」についても言及があった。そこには、「戦略的中金利貸出商品サイダの新規実行実績が好調」と記載してあった。

このスライドにある計数自体はリテール貸出全体の新規実行金額についてのもので、サイダ単体の計数ではないが、前年実績から71・7%の大幅増となっている。少なくともサイダは引き続き順調に拡大し、貸出ポートフォリオ全体の構造を改善するだけではなく、中金利貸出ブームを牽引して業界全体に好ましい影響を与えていることは、現地のマスコミ報道からもうかがい知ることができた。

これらの結果に安堵と満足感を得たと同時に、自身がこの瞬間に現場で役職員とともに喜びを分かち合えなかったことについて、無念な思いが湧き上がってきたことは隠しようがなかった。勝地さんに対して嫉妬心を抱いたことも、正直に認めざるを得ない。

ソウルを去ってから10ヵ月、貯蓄銀行のことを考えない日はほとんどなかった。私が居なくても順調に業績を伸ばすはずだと信じる気持ちと、私が居ないとダメなのではないかとの思い上がりの気持ちがない混ぜになり、帰国後も頻繁にその動向を追い続けていた。

おそらくこの複雑な心境もこの日を境に消えていくのだろう。まさに4年前の1月末日は、香港で韓国赴任の内示を受けた日だ。その日から今日までの4年間の出来事が、まるで走馬灯のように頭の中を駆け巡る。

もはや銀行再建は、本当に決着がついたといえた。何よりも私自身がそう納得できた。韓国での3年余りの辛苦の記憶も、これから日に日に薄れていくのだろう。そして改めてこの成功要因を考えたとき、私が社長就任式でみなに投げかけた言葉を思い出す。「これは現地役職員一人ひとりの献身的な努力が結実した、まさに偉業なのだ」と。

海外で現地企業を経営するにあたり、外国人である日本人にできることは限られる。そこで出しゃばったところで上手く行かない上に、現地人との摩擦も生まれてしまうだろう。私が実現したかったのは、外国資本の会社でも、現地の人々全員が自ずと力を発揮できる環境をつくり出すことだった。現地の文化やしきたりに一定の配慮は払いつつ、誰もが等しくチャンスを与えられ、そしてフェアに評価されることを目指した。

それでも最低限の経営方針は定めなければならない。しかし、それはシンプルかつ普遍的なものであるべきだ。言語の壁があることからもできるだけわかりやすい言葉で、誰もが理解できるフレーズで呼びかけることだ。ここから融和が上手くいったとき、組織は一体となって目標達成に向かい、すべての当事者がウィンウィンの関係を築くことができるのではないか。

私が完璧にやったとまでは言わない。実際に一部の現地人とのあつれきは頻繁に発生し、ここでは明かせない様々なトラブルのため、最後まで本当に心身を削る思いをすることになった。しかし、全体として私の考え方や言動が間違っていたとは思わない。今後の貯蓄銀行のさらなる躍進が、このことを証明してくれるだろうか。近い将来、誰かが総括して評価してくれる日がくるかもしれない。

ひとしきり感慨にふけっているとスマートフォンが音を立て、メールの配信を知らせてきた。やや虚を突かれてスクリーンをのぞくと、航空会社からのウェブチェックインを知らせるメールだった。実は翌日からカンボジアに渡航する予定だった。

私は帰国後ほどなくしてグループを離れ、現在は小規模ながら企業投資ファンドの運営にたずさわっている。今回はカンボジアのマイクロファイナンス機関の資金支援を検討するため、初めて現地訪問する予定だった。

まだ何の準備もしていなかった。横浜の自宅から成田空港までは結構時間がかかるので、明日も朝早く出発しなければならない。急ぎ帰宅してスーツケースを引っ張り出し、荷物のパッキングを始めた。

それでもこのときは、4年前に感じた得体のしれない不安におそわれることはなかった。休暇中に滞在していたマカオで東京本社からのメールを受け、日本への至急の呼び出しを受けたときのような、あの漠然とした思いは感じていなかった。

異国や異文化において何事かを成さんとすると、言葉の違い、考え方の違い、社会制度の違いに多々直面し、双方互いに葛藤を抱えることになる。それでも同じゴールを共有している限り、これらの問題は必ずともに乗り越えることができるはずだ。時間がかかっても相互理解を進め、協力して歩み続けていくこと。

4年前のあのときから私は十分に学び、そして成長していた。

おわりに

本書のタイトルには、読み手の関心を呼び起こす狙いもあって二つのワードを埋め込んでいます。一つ目は、「韓国」です。

現在、韓流ブームは完全に定着しました。韓国ドラマやK-POP、唐辛子の効いた料理などは、老若男女を問わず広く日本に浸透しています。一方で、歴史問題や領土問題など、日韓両国には根深い対立の構図も横たわっており、やっかいなお隣さんという思いをお持ちの方も多いでしょう。そんな隣人の懐に入り込み、ディープな経験を積んだ記憶を掘り起こし、韓国とその人々について語ってみたいとの思いにかられました。

二つ目のワードは、「銀行再建」です。日本では1990年代後半に銀行破綻が相次いで発生しました。公的資金の投入や様々な構造改革を経て今は落ち着いていますが、長引く低金利と地方経済の衰退で、これから特に地方銀行においては、「ゆでがえる」の危機に陥いるのではないかと思います。そのような中、異国かつ10年前の話にはなりますが、銀行再建のケースを持ち出すことに何らかの意義があると考えました。

そして韓国において、私は現地人とのマインドセットの違いを痛感させられたのですが、両国の外交や国民感情においても長らくすれ違いの関係が続いています。あまりに立場や思考の違いがあり過ぎて、とまどうことが多くあります。双方でヘイトスピーチが行われ、「反日」「嫌韓」などの言葉があふれています。

私は自身の経験に照らし合わせ、違いを理由に突き放したり距離を取ったりする姿勢は、何の問題解決にもつながらないと思います。共通の目標を持ち、セイムボートに乗り協力してゴールを目指す限り、この違いを乗り越え、相互理解を進めることは可能であると実証し、読者のみなさまにもこれをご理解いただいたことでしょう。

実は先月、久しぶりにソウルを訪問しました。直近まで貯蓄銀行は6期連続で最高益を更新する目覚ましい成長を続け、破綻の危機などはるか昔話のようになりましたが、今も残る役職員たちがみな集まってくれて、私たちは当時の思い出を大いに語らいました。そのときまでは本書を世に出すことに若干の躊躇があったのですが、やはり思いは実現すべきと背中を押されたようでした。

最近、やっと日韓首脳間のシャトル外交が復活し、これはとても望ましいことだと思います。このまま両国が心を開き、ゆっくりと、でも着実に未来志向でともに歩み続けることを、私は心から期待したいと思います。

2023年9月

Credo Partners 株式会社 代表取締役　中村秀生

日本人が外国で不良企業の立て直しに挑んだ
3年余りの記録

韓国貯蓄銀行
再建日記

2023年10月2日　第1刷発行

著　者　中村秀生
発行者　鈴木勝彦
発行所　株式会社プレジデント社
〒102-8641
東京都千代田区平河町2-16-1 平河町森タワー13階
https://www.president.co.jp/　https://presidentstore.jp/
電話　編集 03-3237-3733
販売 03-3237-3731
販　売　桂木栄一、高橋 徹、川井田美景、森田 巌、末吉秀樹

装　丁　鈴木美里
組　版　清水絵理子
校　正　株式会社ヴェリタ
制　作　関 結香
編　集　金久保 徹

印刷・製本　大日本印刷株式会社

本書に掲載した画像の一部は、
Shutterstock.comのライセンス許諾により使用しています。

©2023 Hideo Nakamura
ISBN 978-4-8334-5235-9
Printed in Japan
落丁・乱丁本はお取り替えいたします。